Larry Barker
Kittie Watson

Ohren auf!

Wenn Leute reden, hören Sie ganz genau zu.
Die meisten Leute hören nie zu.
Ernest Hemingway

Larry Barker
Kittie Watson

Ohren auf!

Wie Sie durch richtiges Zuhören Beziehungen verbessern und Missverständnisse vermeiden

Aus dem Amerikanischen übersetzt von
Dr. Marina Marinescu und Dr. Walter Kiefl

mvg

Die Deutsche Bibliothek – CIP-Einheitsaufnahme

Barker, Larry:
Ohren auf! : wie Sie durch richtiges Zuhören Beziehungen verbessern und Missverständnisse vermeiden / Larry Barker ; Kittie Watson. Aus dem Amerikan. übers. von Maria Marinescu und Walter Kiefl. – Landsberg am Lech : mvg, 2001
(mvg-Paperbacks ; 08841)
Einheitssacht.: Listen up <dt.>
ISBN 3-478-08841-0

Milford „Opa“ Barker (1916-1996) gewidmet:
Er hörte zu …

Titel der amerikanischen Originalausgabe: „Listen Up“
Aus dem Amerikanischen übersetzt von Dr. Marina Marinescu und Dr. Walter Kiefl.

Umschlaggestaltung: Vierthaler & Braun, München
Satz: mi, J. Echter
Druck- und Bindearbeiten: Ebner Ulm
Printed in Germany 08841/801302
ISBN 3-478-08841-0

Inhaltsverzeichnis

Danksagung

Obwohl es nicht möglich ist, allen unseren Stundenten, Freunden, Verwandten und Klienten, die mit Ideen und Fallbeispielen zu diesem Buch beigetragen haben, einzeln zu danken, gibt es doch einige, denen wir unsere besondere Anerkennung ausdrücken möchten. Marian Lizzi danken wir dafür, dass sie das, was in diesem Vorhaben steckt, erkannt und fürsorglich kultiviert hat. Alice Martell, unserer Literaturagentin, für die benötigte Hilfe bei den geschäftlichen Einzelheiten des Projekts und dafür, dass sie uns die erforderliche Ermunterung gegeben hat. Ann Meehan für die Zeit, die sie sich zum Lesen und Ausdrucken der vielen früheren Entwürfe des Manuskripts genommen hat. Schließlich danken wir Melissa Barker für ihre durchdachten Rückmeldungen und Anregungen während des kreativen Prozesses.

Vorwort

Zuhören ist der Beginn des Verstehens

Wir haben als Arbeitsgruppe Ende der 70er-Jahre begonnen, über das Zuhören zu forschen und zu schreiben. Seit diesem Zeitpunkt haben wir mehrere weit verbreitete Instrumente zur Beurteilung des Zuhörens entwickelt und zahlreiche Diskussionspapiere, Artikel, Buchkapitel und Bücher über das Zuhören geschrieben. Wir hatten beide akademische Stellen an bedeutenden Universitäten (Kittie an der Tulane University in New Orleans und Larry an der Auburn University in Alabama) und gründeten gleichzeitig eine Firma für Management Consulting. Wir sind beide ehemalige Präsidenten des Internationalen Zuhör-Verbands und in den Sendungen „Today Show" auf NBC und „20/20" auf ABC als Zuhörspezialisten aufgetreten.

Wie Sie vermutlich schon erraten haben, beschäftigen wir uns beide begeistert mit dem Potenzial, das wir alle haben, um bessere Zuhörer zu werden. Wenn Sie unsere Begeisterung teilen, wird Ihnen dieses Buch in Ihrer persönlichen und beruflichen Weiterentwicklung helfen.

Die Prinzipien und Tipps in diesem Buch stammen hauptsächlich aus unserer Theorie und Forschung. Sie wurden in großen, erfolgreichen Konzernen, in kleinen Firmen und ehrenamtlichen Organisationen überall in den Vereinigten Staaten geprüft. Im gesamten Buch verwenden wir Beispiele aus unserer Erfahrung mit Freunden, mit der Familie, mit Klienten und Studenten. Wir haben die Namen geändert und uns zum Schutz der Vertraulichkeit bei Orten und Firmen einiger künstlerischer Freiheiten bedient. Dennoch beruhen die Szenarien auf wirklichen Lebenssituationen mit realen Menschen.

Die Schritte zur Verbesserung des Zuhörens sind ziemlich einfach. Es ist jedoch wichtig, sich ständig vor Augen zu halten, dass etwas Einfaches nicht unbedingt auch leicht ist. Die Herausforderung besteht darin, sich auf die Vorteile der Verbesserung des Zuhörens zu konzentrieren und schrittweise voranzugehen.

Einführung

Weisheit ist die Belohnung für lebenslanges Zuhören

Stellen Sie sich folgende Szenarien vor:

- Tom und Angela reden eigentlich nicht mehr richtig miteinander. Beide arbeiten stundenlang in anspruchsvollen Berufen, und wenn sie nach Hause kommen, sind sie erschöpft und zu müde, um einander zuzuhören. Ihre fünfjährige Ehe wurde zu einer „Hülse“. Manchmal wundern sie sich beide darüber, was aus ihrer Begeisterung geworden ist, die sie einmal füreinander empfanden. Sie schieben Müdigkeit als Entschuldigung vor, um ein ernsthaftes Gespräch über ihre Beziehung zu vermeiden.
- Die 13-jährige Carey schreit ihre Mutter Allison häufig an. Oft schreit Allison zurück und am Ende laufen beide wütend auseinander. Allison, die kürzlich geschieden wurde, spürt eine Menge Druck, da sie für beide aufzukommen hat. Carey hat angefangen Marihuana zu nehmen, sich ganz in Schwarz zu kleiden und mit einer Clique herumzuhängen, die nur Totenkult, Vampire u. Ä. im Kopf hat. Allison hat Angst, dass Carey in große Schwierigkeiten geraten wird. Wenn Allison versucht mit ihrer Tochter ernsthaft zu reden, rollt Carey mit den Augen oder behält einen teilnahmslosen Gesichtsausdruck bei. Allison ist am Ende ihrer Weisheit.
- Margo wechselt ihre Freunde wie die Hemden. Sie ist attraktiv und kommt aus gutem Hause, aber sie hat eine unangenehme Angewohnheit: Sie kann ihren Mund nicht halten! Margo fängt die meisten Beziehungen damit an, ihre Lebensgeschichte in minutiösen Details zu erzählen, indem sie bei Adam und Eva anfängt. Sie stellt einige wenige Fragen, aber anstatt den Antworten der Person, mit der sie sich getroffen hat, zuzuhören, neigt sie dazu, sie zu unterbrechen, noch bevor diese antworten kann. Margo versteht nicht, warum sie selten eine zweite Verabredung hat.

- Clark ist Chef einer bemerkenswert aktiven Arbeitsgruppe in einer Nuklearfabrik im Mittleren Westen. Seine Arbeitsgruppe hat vor kurzem einen entscheidenden Meilenstein im Hinblick auf die Unternehmensstrategie verpasst. Bei Besprechungen kamen die Teilnehmer unvorbereitet, unterbrachen sich gegenseitig, führten Nebengespräche und ignorierten die Bemerkungen der anderen. Clarks Vorgesetzter teilte ihm mit, dass er als Gruppenleiter ersetzt und degradiert werden würde, wenn seine Gruppe ihre Aufgabe nicht effektiver durchführt.
- Jessica leitet in einer bedeutenden Ölgesellschaft die Abteilung Investitionen. Ihre Tätigkeit erfordert nach der Arbeit häufige Kundenbesprechungen beim Abendessen. Nach einem langen Tag im Büro ist es für sie schwierig, wieder genug Energie aufzubringen, um während der Gespräche beim Abendessen gut und aufmerksam zuzuhören. Ihr wurde vorgeworfen, die Probleme ihrer Kunden nicht verstanden und in den letzten Monaten drei große Investoren verloren zu haben. Die Beurteilung ihrer Arbeit war in der letzten Woche besonders schlecht und sie macht sich über ihre Zukunft bei der Firma Sorgen.

Diese Szenarien spiegeln verschiedene Persönlichkeiten, Lebenssituationen und Herausforderungen wider. Dennoch haben sie alle einen gemeinsamen Ursprung: schlechtes Zuhören.

Das Lösen dieser und anderer ernsthafter Probleme beim Zuhören verlangt Engagement und ernsthafte Arbeit. Der erste Schritt zur Verbesserung des Zuhörens heißt Bewusstsein.

In den frühen 90er-Jahren führte ein Buch mit dem Titel *Die „T"-Faktor Diät* die Sachbuch-Bestsellerliste der New York Times an. Dieses Buch machte viele Amerikaner auf ihre Essgewohnheiten aufmerksam. Während vielen bewusst war, dass der Verzehr von zu viel Fett für die Gesundheit gefährlich ist, wussten nur wenige, wie viel Gramm Fett in bestimmten Lebensmitteln sind oder wie groß die Menge ist, die wir täglich zu uns nehmen. Die Ansichten in diesem Buch waren indirekt dafür verantwortlich, dass viele Lebensmittelhersteller begonnen haben, den Fettgehalt in abgepackten Lebensmitteln zu kennzeichnen. Zusätzlich gab es in vielen Restaurants im ganzen Land mehr kalorienarme Menüs. Sogar McDonald's sprang auf den Zug auf und bot ein „McLean DeLuxe" an, – eine kalorienarme Version des normalen Hamburgers. Der „T" Faktor war wirklich erfolgreich und verhalf vielen Amerikanern dazu, sich der Bedeutung ihrer Essgewohnheiten bewusster zu werden.

Die in diesem Buch behandelte Zuhör-Effektivität dürfte für unsere eigentliche Gesundheit und unser Wohlbefinden wohl wichtiger sein als der „T" Faktor. Zuhören ist, wie das Fett in Lebensmitteln, etwas, worüber sich viele Leute – was seine Bedeutung in ihrem Leben betrifft – nicht viele Gedanken machen. Und doch beeinträchtigt das schlechte Zuhören die Qualität der Beziehungen, den Berufserfolg und die persönliche Entwicklung.

Immer wieder haben Untersuchungen gezeigt, dass schlechte Zuhör-Gewohnheiten die am meisten verbreiteten Hindernisse für erfolgreiche Partnerschaften und Karrieren darstellen. Demzufolge hören wir in unserer Arbeit mit Studenten, mit Angestellten und Geschäftsleuten unzählige herzzerreißende Geschichten über schlechtes Zuhören. Frustration, Missverständnisse und verletzte Gefühle sind einige der häufigsten Themen.

Dieses Buch kann Ihre Probleme beim Zuhören nicht lösen. Kein Buch kann Ihnen den Einsatz und die schwierige Arbeit abnehmen. Doch kann Ihnen dieses Buch helfen, sich neue Zuhör-Gewohnheiten anzueignen, die schließlich Ihr Leben ändern werden. Wenn Sie die Prinzipien und Zuhör-Tipps, die in den folgenden Kapiteln beschrieben sind, erfolgreich lernen und anwenden, versprechen wir Ihnen, dass Ihr Leben nicht mehr dasselbe sein wird. Wir geben Ihnen dieses Versprechen, weil wir in den letzten 20 Jahren ausreichend Gelegenheit gehabt haben, Tausende Studenten, Paare, Fachleute und Angestellte zu beobachten, die als gute Zuhörer glücklicher und erfolgreicher wurden. Die Beispiele und Zeugnisse in diesem Buch werden Ihnen helfen, zu verstehen, wie die Anwendung einiger Grundprinzipien einen Unterschied in Ihren Beziehungen und in Ihrem Leben bewirken kann.

1.
Die Macht des Zuhörens: Wie Zuhörer die Kommunikation beherrschen

Das größte Kompliment, das mir je gemacht wurde, war, als jemand mich fragte, woran ich denke, und auf meine Antwort wartete.

Henri David Thoreau

Jeder von uns hat die Macht, zu entscheiden, wie und wann er zuhört.

> Carla und Ed waren auf ihrer zweiten Hochzeitsreise auf Hawaii. Während des Abendessens in einem gemütlichen Strandrestaurant auf Maui begann Carla über die schöne Zeit zu reden, die sie gemeinsam auf ihrer ersten Hochzeitsreise gehabt hatten. Als sie sich daran erinnerte, wurde Carla schmerzlich bewusst, dass Ed kein einziges Wort von dem gehört hatte, was sie erzählte. Seine Gedanken waren zur unvollendeten Arbeit im Büro auf dem Festland zurückgekehrt. Carla gab Ed einen Tritt unter dem Tisch und seine Aufmerksamkeit kehrte schlagartig zurück.

Kommt Ihnen das bekannt vor? Leider wird dieses Szenario tausend-, vielleicht millionenmal jeden Tag mit verschiedenen Leuten und im Zusammenhang mit verschiedenen Themen aufgeführt. Es illustriert eine einfache Tatsache, nämlich dass jeder von uns als Zuhörer die Macht hat, aufmerksam zu sein oder nicht. Wenn wir uns bewusst oder unbewusst dafür entscheiden, nicht zuzuhören, hat der Redner Pech. Während Redner Tipps und Techniken lernen können, um Aufmerksamkeit zu erhalten und die Zuhörer zu fesseln, kann uns niemand zum Zuhören bewegen, es sei denn, wir wollen es. Es ist einfach so, dass Redner uns erschrecken, ermuntern, bitten oder unterhalten können, um uns das Zuhören zu erleichtern, aber letztendlich beruht die Macht erfolgreicher Kommunikation auf dem Zuhörer.

Drei weit verbreitete gefährliche Ansichten über das Zuhören

Zu Beginn unserer Zuhör-Seminare bitten wir die Teilnehmer oft, uns einige ihrer Ansichten zum Zuhören mitzuteilen. Wir haben eine ganze Liste solcher Ansichten zusammengestellt. Obwohl manche auch nach unserer Forschung und Erfahrung gelten, fehlt vielen der ursprünglichen Auffassungen der Teilnehmer die Grundlage. Schauen Sie, ob Sie irgendeine der folgenden unbegründeten und manchmal gefährlichen Ansichten über das Zuhören schon einmal geäußert haben.

1. Gefährliche Ansicht

Sprecher beeinflussen die Kommunikation stärker als Zuhörer

Viele von uns glauben, dass „das Wort zu haben" bedeutet, die Tagesordnung zu kontrollieren, sei es im Gespräch unter vier Augen oder in großen Gruppen. Deshalb verwenden wir so viel Zeit darauf, wirkungsvolles Sprechen zu lernen. Wir glauben, das Sprechen sei die einzige Währung für gute Kommunikation.

Als Zuhörer beherrschen wir die Kommunikation, wenn wir:

- uns in die Kommunikation nach Belieben ein- und ausschalten;
- entscheiden, ob wir aufpassen oder nicht;
- unsere eigenen verbalisierten oder nicht verbalisierten Interpretationen hinzufügen;
- Botschaften als wichtig oder unwichtig bewerten;
- nach Belieben auf Informationen reagieren oder antworten;
- Aufmerksamkeit vortäuschen, während unsere Gedanken woanders sind.

In Wirklichkeit gilt:

Zuhörer beherrschen das Gespräch

Denken Sie an Versammlungen und Seminare, an denen Sie teilgenommen haben. Sind Sie je in einem feindlich gesinnten Publikums gewesen? Wenn ja, haben Sie die Macht des Zuhörens aus erster Hand bemerkt. Egal wie geschickt, charismatisch oder engagiert ein Redner ist, wir entscheiden, ob wir zuhören oder nicht.

> Der Hauptgeschäftsführer einer Dienstleistungsfirma im Osten der USA geriet bei einer Gewerkschaftsversammlung der Angestellten in ein Pfeifkonzert. Er begann seine Darstellung mit einem Hinweis auf die besseren Ergebnisse der betrieblichen Sicherheitsmaßnahmen, aber es war ihm nicht bekannt, dass sich am selben Vormittag, während er unterwegs war, ein fataler Unfall ereignet hatte. Ein unvorsichtiger Störungstechniker war durch einen Stromschlag getötet worden, als er beim Anfassen eines unter Strom stehenden Kabels vergaß, Gummihandschuhe anzuziehen. Die bei der Versammlung anwesenden Arbeiter begannen, wütende Bemerkungen zu rufen, und schließlich wurde der Hauptgeschäftsführer vom Vertreter des Betriebsrats durch eine Seitentür hinausgeleitet, um ihn vor weiteren Beschimpfungen zu schützen.

Hätte der Hauptgeschäftsführer versucht auf seinen Standpunkt zu pochen, um seine Arbeiter zum Zuhören zu bewegen, wäre die Situation nur noch weiter eskaliert.

Redner können andere nicht zum Zuhören zwingen

Dagegen können sich ihrer Macht bewusste Zuhörer die Situation zu ihrem Vorteil nutzen.

> Joanne, Abteilungsleiterin in einem großen Kaufhaus in Los Angeles, schenkt ihren Kleiderkunden beim Gespräch über deren Wünsche ihre ganze Aufmerksamkeit. Sie stellt Fragen, nickt, lächelt und sucht Blickkontakt, um

den Gesprächsfortgang zu kontrollieren. Ihre Kunden bemerken dies nicht: Obwohl sie während der Entscheidungsfindung der Kunden sehr wenig spricht, hat sie die volle Kontrolle über das Ergebnis.

In diesem Fall macht Joanne von ihren Zuhörfähigkeiten Gebrauch, wobei sie ihre Zeit durch das Zeigen von Engagement und Interesse gut nutzt.

2. Gefährliche Ansicht

Wenn wir wirklich müssen, können wir gut zuhören

Viele von uns halten ihre volle Aufmerksamkeit „auf Vorrat" zurück, wobei sie der Meinung sind, dass sie sie erforderlichenfalls nützen können. Diese Annahme kann zu übersteigertem Selbstvertrauen in unsere Fähigkeit, gut zuzuhören, führen. In jedem unserer Seminare baten wir die Teilnehmer, diese Annahme zu überprüfen. Dazu wurde ihnen ein Zwanzig-Sekunden-Videoclip über ein Notfallkrankenhaus vorgeführt. Bevor sie sich den Clip anschauten, baten wir sie, sich vorzustellen, dass es sich um eine Situation um Leben oder Tod handelt, in der es auf äußerst gutes Zuhören ankommt. Nur wenige Teilnehmer konnten anschließend von zehn einfachen Fragen, die man ihnen über das Gesehene und Gehörte gestellt hatte, mehr als vier korrekt beantworten.

In Wirklichkeit gilt:

Intensiver zuhören bedeutet nicht unbedingt, *besser* zuhören

Frieda, eine Seminarteilnehmerin aus Oregon, sagte uns, dass sie immer dachte, sich durch intensive Konzentration genau an wichtige Mitteilungen erinnern zu können. Sie berichtete, dass ihre Annahme infrage gestellt wurde, als sie einen falschen Finanzbericht einreichte, der auf ihrer Erinnerung an ein Telefongespräch beruhte, als sie nicht an ihrem Schreibtisch war.

Ein staatlicher Buchprüfer kontrollierte Friedas Zahlen und ihre Firma hatte daraufhin eine Geldstrafe zu bezahlen. Jetzt hält sie alle Informationen auf speziell vorbereiteten Notizzetteln fest und bittet Kollegen um Bestätigung ihrer Aufzeichnungen.

Zuhörer überschätzen die Anzahl der Informationen, an die sie sich erinnern

Auch gut geschulte Zuhörer haben Schwierigkeiten mit fachlicher und ungewohnter Information. Forschungen über das Erinnerungsvermögen haben ergeben, dass sich die meisten Leute unmittelbar nach einem zehnminütigen Gespräch an weniger als 50 Prozent von dem erinnern, was gesagt wurde. Dieser Prozentsatz sinkt nach 24 Stunden auf weniger als 10 Prozent.[1]

AT&T hat Kapital daraus geschlagen, dass sich die meisten von uns nach Anruf der Telefonauskunft eine siebenstellige Nummer nicht lange genug merken können, um sie zu wählen. Für eine Extragebühr wählt der Operator der Auskunft die Nummer für uns, um auf diese Art mögliche oder wahrscheinliche Fehler beim Zuhören auszuschließen. Diejenigen, die vollen Nutzen aus dem Zuhörvermögen ziehen, können die obigen Prozentsätze übertreffen.

3. Gefährliche Ansicht

Wenn wir mit dem Reden beginnen, fangen die anderen mit dem Zuhören an

Überprüfen Sie diese Ansicht, indem Sie an ein noch nicht weit zurückliegendes Treffen denken, an dem Sie teilgenommen haben. Waren Sie zum Zeitpunkt, als der erste Redner begann, geistig und gefühlsmäßig darauf eingestellt, mit dem Zuhören zu beginnen? Oder waren Sie in Gedanken noch bei der unbeendeten Arbeit auf Ihrem Schreibtisch, bei noch zu erledigenden Reisevorbereitungen oder bei unzähligen anderen Dinge auf Ihrer Erledigungsliste?

In Wirklichkeit gilt:

Wir brauchen Zeit, um uns als Zuhörer zu engagieren

Wenn wir mit dem Reden anfangen, vergessen wir oft, dass andere vielleicht noch nicht zum Zuhören bereit sind. Die meisten von uns brauchen mindestens ein paar Sekunden, um auf den Zug aufzuspringen, wenn jemand anders zu reden beginnt. Es ist wie bei der Gangschaltung, indem unsere Aufmerksamkeit weich in die Worte und Ideen des Redners einklinkt.

In solchen Situationen, ohne bewusste Aufmerksamkeit und Anreiz, haben die meisten Schwierigkeiten, sofort zuzuhören. Das ist ein Grund dafür, dass öffentlich sprechende Redner geschult worden sind, Aufmerksamkeit erregende Einleitungen wie überraschende Behauptungen, Witze, oder persönliche Anekdoten zu verwenden, um die Beachtung der Zuhörer zu wecken.

Überdies können wir uns mit Anreiz und Übung selbst zum sofortigen Zuhören schulen

Jeremy, ein College Student in Auburn, konnte nicht verstehen, warum er nie eine „1" in Differenzial- und Integralrechnung erhielt. Er war ein ausgezeichneter Student und daran gewöhnt, gute Noten zu bekommen. Er sprach darüber mit seinem Berater und fand nach einigen Sitzungen einen möglichen Grund dafür, dass seine Noten nicht besser waren. In den meisten Fächern, die Jeremy belegte, nahmen sich die Professoren gewöhnlich einige Minuten Zeit, um über persönliche Themen oder über Sport zu reden, bevor sie zum Inhalt ihrer Vorlesungen kamen. Dr. Agassi, der Professor für Differenzial- und Integralrechnung, verlor keine Zeit, um zum Thema zu kommen. Bereits am Anfang der Stunde begann er mit Formeln und Lehrsätze. Jeremy und viele seiner Kommilitonen verpassten gewöhnlich die meisten Themen, die in den ersten Minuten der Vorlesung besprochen wurden. Er verlor geistig die ersten 10 Prozent jeder Vorlesung, weil er noch nicht darauf konzentriert oder eingestellt war, zuzuhören. Als Jeremy begann, sich Notizen zu machen und sich zu

> konzentrieren, sobald Dr. Agassi seine Vorlesung begann, erzielte er die erstrebte „1".

Mit Training und Bemühung können wir geistig schnell die Gänge schalten und uns rasch auf die Gedanken des Redners konzentrieren.

Machtvolles Zuhören

Anders als andere Kommunikationsfähigkeiten wie Lesen und Schreiben wird Zuhören in der Regel als angeborener Prozess betrachtet, der lediglich Hörvermögen erfordert. Untersuchungsberichte legen nahe, dass diejenigen, die eine spezielle Schulung durchlaufen haben,[2] über bessere Zuhör-Fähigkeiten verfügen.

Die meisten von uns haben Zuhören zufällig gelernt. Wenn auch Zuhören die Kommunikationsfähigkeit ist, die wir am häufigsten anwenden, ist es eine Fähigkeit, in der wir wenig oder überhaupt kein Training erhalten haben.[3] Deswegen behauptet Ralph Nichols, emeritierter Professor für Kommunikation an der Universität von Minnesota, dass unser Bildungssystem auf dem Kopf steht. Er befürwortet ein Bundesmandat für die Zuhör-Erziehung sowohl in der Grund- als auch in der Hauptschule.[4] Ein Grund für die Fehlinterpretation dieser Fähigkeit war die Ansicht, dass wir, wenn wir hören, auch zuhören können.

> Ruth und Allen waren aufgeregt, als ihre neugeborene Tochter Jennifer zum ersten Mal auf ihre Stimmen reagierte. Der Arzt versicherte ihnen, dass das Baby ein normales Gehör habe. Das Paar nahm an, dass Jennifer, wenn sie größer sei, gut zuhören könne, weil sie gut hören konnte.

Leider garantiert das Hörvermögen nicht die Zuhör-Fähigkeit. Unsere Zuhör-Gewohnheiten entwickeln sich in einer frühen Lebensphase ohne besonderes Training. Untersuchungen von Grundschullehrplänen deuten an, dass Zuhören kaum für notwendig gehalten wird. Da jedoch an den meisten Grund- und Hauptschulen und am College das Training von Zuhör-Fähigkeiten vernachlässigt wird,[5] lernen wir die Zuhör-

Gewohnheiten von anderen, besonders von unseren Eltern und Lehrern. Es kann sein, dass manche unserer Zuhör-Muster gut gewesen sind. Andere waren nicht so toll. Denken Sie an die Zuhör-Rollenmuster, die sie als Kind hatten. Wie würden Sie diese im Nachhinein beurteilen? Ohne effektives Zuhör-Training und/oder Rollenmuster nehmen die Chancen von Zuhör-Fehlern oder Missgeschicken signifikant zu.

Die Macht des Zuhörens preisgeben

Viele von uns erzielen in der Schule, in der Arbeit und in ihren Beziehungen nicht die besten Ergebnisse, weil sie nie gelernt haben, das Beste aus ihrer Zuhör-Effektivität zu machen. Ein Weg zum besseren Zuhörer besteht darin, herauszufinden, wie wir typischerweise unsere Stärke beim Zuhören aus der Hand geben.

Abschalten. Wann war es das letzte Mal, dass Sie sich dabei ertappt haben, inmitten einer Unterhaltung, einer Vorlesung oder einer Versammlung abzuschalten? Waren Sie gelangweilt oder fühlten Sie sich bedrängt? Waren Sie nicht einverstanden mit dem, was gesagt wurde oder waren Sie verunsichert bezüglich der Botschaft? Auch wenn unsere Gedanken Tausende von Kilometern weg sind, sind wir recht geschickt darin, Aufmerksamkeit vorzutäuschen. Eigentlich hat unser Bildungssystem unsere Fähigkeit, so zu tun, als ob wir zuhören würden, wenn wir es nicht tun, ermuntert und sogar verstärkt. Wir sind solche Experten im Vortäuschen geworden, dass nur der beste Beobachter unter uns den glasigen oder leeren Blick bemerken kann. Wenn wir als Zuhörer abschalten, wissen wir leider nicht, was wir verpasst haben und geben damit ungewollt die Macht des Zuhörens preis.

Sich selbst einbeziehen. Jeder von uns hat vermutlich eine Gelegenheit verpasst, einen guten Eindruck zu machen, indem er mit sich selbst beschäftigt war. Ein deutliches Zeichen, dass wir an Zuhörvermögen verlieren, ist, wenn wir den Namen einer Person vergessen, die uns vorgestellt wurde. Wenn wir mehr daran denken, wie wir aussehen oder an einen Menschen, den wir treffen möchten oder an das, was der andere denkt, hören wir nicht achtsam zu. Wenn wir uns mit uns selbst beschäftigen, geben wir die Macht des Zuhörens preis.

Endlich wurde Christian zum Treffen der Führungsmannschaft seiner Firma eingeladen. Zusätzlich zur Vertretung seines Chefs wurde er gebeten die Ergebnisse der neuesten Verkaufstechnik der Marketingabteilung vorzutragen. Anstatt konzentriert den Berichten der anderen Kollegen zuzuhören, begann er, innerlich seine eigene Präsentation einzuüben. Nachdem er mehrmals durchgegangen war, was er sagen wollte, fing er an, sich mit seinen Folien zu beschäftigen und dann mit seiner Kleidung. Christian war so auf sich selbst konzentriert, dass er es versäumte, Ideen aufzugreifen, um darüber mit seinem Chef zu sprechen, etwas über die beste Art und Weise zu lernen, seine Präsentation auf diese spezielle Zuhörerschaft auszurichten oder entscheidende Informationen bezüglich des strategischen Plans einzuwerfen – geschweige denn, den Beiträgen der anderen Redner bei dem Treffen zuzuhören.

Als es darum ging, ihre speziellen Talente aufzulisten, erinnerte man sich nur daran, dass *Victoria eine gute Zuhörerin* war. Das hatte ihr Englischlehrer in der siebten Klasse in ihre Schlussbeurteilung geschrieben. Bestand eine Möglichkeit, Zuhören in ein Talent zu verwandeln? Wenn ja, wie würde sie das beschreiben? *Caitlin Somers wählte mich als ihre Busenfreundin für die Sommerferien, weil ich gescheit, aber ruhig war. Sie wusste, dass ich nicht eine Million Fragen stellen und im Weg stehen würde.*

Judy Blume, Summer Sisters (1998)

Voreilige Schlussfolgerungen ziehen. Denken Sie daran, wie Sie zuhören, wenn ein Politiker oder ein Familienmitglied eine Meinung äußert, die sich von Ihrer unterscheidet. Hören Sie die ganze Botschaft, bevor Sie sich ein Urteil bilden oder fangen Sie an, zu denken, dass die Person nicht informiert, ignorant, voreingenommen oder naiv ist? Wenn wir es versäumen, der vollständigen Mitteilung zuzuhören, bevor wir uns eine Antwort überlegen, verlieren wir an Zuhörvermögen. Überstürztes Handeln, an das „große Aber" denken oder „eine Antwort einüben", weil wir nicht mit dem einverstanden sind, was jemand sagt, führt oft zum Übersehen von Einzelheiten. Wir haben eine Art stenografisches Zuhören benutzt, anstatt vollständige und akkurate Informationen zu erhalten.

Jake rief den technischen Kundendienst von Gateway wegen eines Software-Problems zur Hilfe. Als die Technikerin begann, Fragen zu stellen, antwortete Jake höflich, bis sie sagte: „Mir scheint das ein Speicherproblem zu sein. Haben Sie Ihre temporären Dateien überprüft?" Jake hörte ihre Frage nicht, weil er – als die Technikerin „Speicherproblem" sagte, für sich dachte: „Ich habe eine Menge Speicherkapazität. Das ist ein neuer Computer. Ich hätte mir jemanden Intelligenteren gewünscht." Als sie zu reden aufhörte, antwortete Jake: „Ich habe die größte Speicherkapazität, die Gateway anbietet – das ist nicht das Problem." Nach zwanzig Minuten erfuhr Jake, dass er die temporären Dateien nicht gelöscht hatte – auf diese Art hatte er die Kapazität des Arbeitsspeichers beeinträchtigt und seine Wertschätzung für die Technikerin nahm wieder zu.

Da Jake mit dem, was er ursprünglich hörte, nicht einverstanden war, hatte er das Zuhören eingestellt. Er hätte sich Zeit und Frustration erspart, wenn er nicht gleich Schlussfolgerungen gezogen hätte.

Die Vorteile guten Zuhörens

Gutes Zuhören bringt Vorteile. Zu lernen besser zuzuhören, hilft uns, engere Beziehungen aufzubauen und unseren Erfolg zu maximieren.

Gute Zuhörer sind gefragt. Wenn wir Teilnehmer an Workshops bitten, eine Liste der Personen aufzustellen, die sie für die besten Zuhörer halten, haben die meisten sehr kurze Listen. Anderen wirklich zuzuhören, ist eine Kunst.[6] Denjenigen, die am besten zuhören, wird auch am meisten zugehört.

Fay, eine geschiedene Büromanagerin in Albuquerque, erhält mehr Einladungen zu Partys und Gesellschaften als irgendwelche zwei anderen ihrer Freunde zusammen. Ihr Geheimnis? Sie bemüht sich bewusst, Fragen zu stellen und zeigt Interesse während der Unterhaltung. Sie ist die Art von Person, die andere dazu bringt, sich besonders und wichtig zu fühlen. Bei ihr handelt es sich um eine Person, in deren Umgebung die meisten von uns sein möchten.

Die Kosten von Zuhör-Vorurteilen

Der verstorbene Malcolm Forbes war sich der Kosten von Zuhör-Vorurteilen voll bewusst. Man sagt von ihm, dass er eine wahre Geschichte erzählt hat, die ein erstklassiges Beispiel für die negative Bedeutung eines solchen Vorurteils enthält. Der Geschichte zufolge versuchte ein unauffällig gekleidetes Paar, den Präsidenten der Harvard Universität zu sprechen. Seine Sekretärin urteilte sofort, dass solche Hinterwäldler in Harvard nichts zu suchen hätten und erklärte ihnen, dass der Präsident zu beschäftigt sei, um sie zu empfangen. Als sie darauf bestanden zu warten, erkannte sie, dass sie ihnen einen Termin geben musste, weil sie sonst den ganzen Tag bleiben würden.

Als dem Paar schließlich gestattet wurde, das Büro des Präsidenten zu betreten, erklärte die Frau rasch, dass ihr Sohn ein Jahr lang Harvard besucht hatte und dort glücklich war. Er kam bei einem Unfall ums Leben, und das Paar wollte ihm auf dem Universitätsgelände einen Gedenkstein setzen.

Der Präsident entließ sie sogleich, indem er zu verstehen gab, dass die Universität wie ein Friedhof aussehen würde, wenn man jedem erlaubte, einen Stein für verstorbene Harvard-Studenten zu errichten.

Die Frau erklärte, dass sie Harvard ein Gebäude und kein Denkmal stiften wollten. Der Präsident rollte mit den Augen und sagte den beiden, dass sie wohl nicht wüssten, wie teuer Gebäude seien. Er fragte sie, ob ihnen klar wäre, dass die Anlage von Harvard mehr als siebeneinhalb Millionen Dollar gekostet hatte. Als das Paar das Büro verließ, sagte die Frau in Hörweite des Präsidenten zu ihrem Mann: „Wenn das alles ist, was die Gründung einer Universität kostet, sollten wir vielleicht unsere eigene gründen."

Herr und Frau Leland Stanford verließen Harvard am selben Tag und fuhren nach Palo Alto in Kalifornien, wo sie zur Erinnerung an ihren verstorbenen Sohn die Stanford Universität gründeten.

Es gibt eine Kunst des Zuhörens. Um zuhören zu können, muss man alle Vorurteile, Vorformulierungen und täglichen Verrichtungen aufgeben oder beiseite legen. Wenn Sie sich in einem geistigen Aufnahmestadium befinden, können die Dinge leicht verstanden werden; Sie hören zu, wenn Sie Ihre wirkliche Aufmerksamkeit auf etwas richten. Aber unglücklicherweise hören wir durch eine Trennwand von Widerstand zu.
Jiddu Krishnamurti, Die erste und letzte Freiheit

Was wir wirklich in einer Beziehung suchen, ist jemand, der uns zuhört, jemand der wirklich versteht, was wir denken, fühlen und sagen. Wenn wir uns mehr auf aufmerksames Zuhören konzentrieren, verbessern sich unsere Beziehungen.

Gutes Zuhören enthüllt die Bedürfnisse und Wünsche der anderen. Die meisten von uns haben das alte Sprichwort gehört: „Wenn alles andere fehlschlägt, lies die Anleitungen." Dasselbe gilt, um andere besser zu verstehen: „Wenn alles andere fehlschlägt, hör zu." Bei den ersten Verabredungen am Anfang einer Beziehung neigen die meisten dazu, sich gegenseitig Aufmerksamkeit zu schenken und versuchen, wirklich zuzuhören. Wenn sich unsere Beziehungen im Laufe der Zeit zu einem festen Verhältnis oder zu einer Ehe entwickelt haben, tendieren viele von uns dazu, unsere Partner als selbstverständlich hinzunehmen. Kein Heureka hier! Wie Eheberater und Psychologen jedoch entdeckt haben, entwickeln sich langfristige Beziehungen um so vorteilhafter, je besser man zuhört.[7]

Für einen zufälligen Beobachter sah so aus, als ob Yolande und Glenn frisch verheiratet waren. Wenn sie im Central Park spazieren gingen, hielten sie Händchen und lächelten sich liebevoll an. Glenn saß aufmerksam da, während Yolande bei Macy's einkaufte, und Yolande erwiderte die Nettigkeit, wenn Glenn bei Orvis hielt, um sich handgearbeitete Forellenfliegen anzuschauen. Aber noch erstaunlicher war –

wäre der Beobachter bei ihnen zu Hause eine Fliege an der Wand gewesen – , dass das Paar wirklich daran interessiert schien, einander zuzuhören. In Wirklichkeit hatten Yolande und Glenn genau vor einem Jahr an Scheidung gedacht. Ihr Eheberater schlug einen Zuhör-Workshop für Paare vor, und das brachte die Wende in ihre Beziehung.

Nach dreizehn Jahren Ehe entdeckten sie, dass sie einander eigentlich nicht sehr gut kannten. Sie waren einverstanden, es mit einigen Übungen im Zuhören zu versuchen, die sich auf das Verstehen dessen konzentrierten, was der andere wirklich fühlt, und nicht nur auf das, was er sagt.

Ohne übersinnliche Wahrnehmung oder Kristallkugel ist besseres Zuhören der einzige Weg zu lernen, seinem Partner zu gefallen. Wir wollen mit anderen beisammen sein, die uns zuhören. Wenn wir lernen besser zuzuhören, schaffen wir Gelegenheiten, um Beziehungen zu verbessern.

Gutes Zuhören reduziert Stress. Wenn wir fühlen, dass man uns zuhört und versteht, sinkt unser Stressniveau.[8]

Als sich vor kurzem ein Herr namens Henry in eine neue Kirchengemeinschaft zurückzog, ging er zum Gruppenleiter Kay und erkundigte sich nach unserem Zuhör-Training, das bei der Stefan-Bruderschaft durchgeführt wurde. Henry hätte sich gewünscht, dass seine Kirche ein Programm gehabt hätte. Er erklärte, dass ihn niemand besucht hatte, nachdem er seine Frau durch Krebs verloren hatte. Als Kay Verständnis zeigte, indem er sagte: „Das muss hart gewesen sein. Sie wollten vermutlich eine Gelegenheit haben, über Ihre Frau zu reden ...“ füllten sich Henrys Augen mit Tränen. Die Gefühle, die er erfahren hatte, fingen endlich an hochzukommen.

Gutes Zuhören reduziert die Dauer von Besprechungen. Gleichzeitig mit der Stressreduzierung in Beziehungen verkürzen gute Zuhörer die Dauer von Treffen. Ungefähr vierzig Millionen Besprechung finden jeden Morgen in den Vereinigten Staaten statt. Denken Sie an die Menge der aufgrund schlechten

Zuhörens verschwendeten Zeit. Jedes Mal, wenn Informationen wiederholt werden müssen, weil eine Person nicht zuhört, kostet es die Zeit aller Gruppenmitglieder. In einer 6-Personen-Gruppe würde eine Wiederholung von jeweils fünf Minuten dreißig Minuten der Zeit der Firma vergeuden. Gute Zuhörer reduzieren die Dauer der Verabredungen und die Zahl zu planender Treffen.

Gutes Zuhören erhöht den Absatz. Berichte, die die Merkmale der erfolgreichsten Fachleute untersuchen, betonen die Vorteile guten Zuhörens.[9] Zahlreiche Ratgeber und verschiedene Zeitschriften und Zeitungsartikel heben hervor, dass die besten Verkäufer tolle Zuhörer sind. Vor allem Immobilienmakler sind viel erfolgreicher, wenn sie sich wirklich die Wünsche ihrer potenziellen Kunden anhören und nicht nur an die Verkaufsprovisionen denken.

> Vanna, eine erfahrene Immobilienmaklerin, verbrachte den Vormittag mit Jeb und Linda, einem Paar, das aus einer kleinen Stadt in Iowa nach Memphis zog. Bevor sie dem Paar irgendwelche Häuser zeigte, stellte sie eine Menge Fragen und machte sich umfangreiche Notizen. Besondere Aufmerksamkeit schenkte Vanna non-verbalen Zeichen wie Gesichtsausdruck, Kopfnicken, Grimassen und Veränderungen der Körperhaltung, um Hinweise auf Jeb und Linda zu bekommen. Zusätzlich zur Feststellung des Preislimits und der Quadratmeterwünsche lauschte sie sorgfältig auf deren Interessen, Hobbys und Wünsche. Als sie das Paar auf die Besichtigungstour mitnahm, hatte Vanna das Feld problemlos auf vier Häuser eingeengt. Indem sie bedachtsam zuhörte, erfuhr sie, welche Merkmale ihren Kunden gefallen und zu einem Abschluss führen würden. Als das Paar beim ersten Haus, das es besichtigte, ein Angebot machte, kommentierte Linda: „Sie sind unglaublich. Sie haben das perfekte Haus für uns gefunden. Es hat mehr Vorzüge als ich je dachte, in einem traditionellen Haus zu finden. Ich bekomme ein Sprudelbad im Badezimmer, Jeb bekommt seine Garage für drei Autos, unsere Hunde bekommen einen umzäunten Garten und es liegt innerhalb der Fußwegdistanz zum besten Schulzentrum in der Stadt. Wie haben Sie das geschafft?“

Verkaufsspezialisten, die sehr gut zuhören, lesen zwischen den Zeilen und wissen, wann sie Fragen stellen und Erwartungen herausfinden müssen und wiederholen, was gesagt wurde.[10] Sie haben auch die Bedeutung nonverbaler Botschaften der Kunden gelernt.

Gutes Zuhören verbessert die berufliche Leistung. Amerikanische Firmen haben es oft versäumt, richtig auf die Bedürfnisse ihrer Kunden, Angestellten und Aktionäre zu hören. Da jedoch die Handelsdefizite höher werden und die Gewinne sinken, haben Wirtschaftsexperten nach Wegen gesucht, die Qualität amerikanischer Produkte und Dienstleistungen zu verbessern. Erfolgreiche Geschäftsleute lernen, dass der schnellste Weg zur Verbesserung von Produkten, Dienstleistungen und der Erfüllung von Aufträgen darin besteht, den Angestellten und Kunden zuzuhören.[11] Der erfolgreiche Macinthosh Computer ist eigentlich ein direktes Ergebnis des Dem-Kunden-Zuhörens. Ein Ingenieur von Apple lauschte einem Gespräch zwischen Kunden und entwickelte den neuen Macinthosh als Antwort auf die Kundenwünsche. Da Zuhören für den Apple-Kundenservice so wichtig ist, erhalten die leitenden Angestellten Zuhör-Zeugnisse, wenn sie tatsächlich einen oder mehrere Kundenanrufe persönlich beantworten.[12] Entsprechend schrieb Tom Peters in „Chaos produzieren“ (Thriving on Chaos):

> Die erfolgreichen Führungskräfte von heute arbeiten eifrig, um andere für ihre Sache zu gewinnen. Bemerkenswerterweise genug besteht der bei weitem beste Weg, andere einzubeziehen darin, ihnen zuzuhören – ernsthaft zuzuhören. Während Reden und Befehlen ... das Muster der letzten 50 Jahre war, ist Zuhören ... das Muster der 90er-Jahre und darüber hinaus.[13]

Die leitenden amerikanischen Angestellten begreifen jetzt, dass sie wertvolle Ideen und Input für die Erhöhung ihrer Produktivität und Profite gewinnen, wenn sie ihren Angestellten und Kunden zuhören.

Entscheidungsmacht

Wenn wir von der Macht des Zuhörens lernen, beginnen wir, Kommunikationsereignisse anders zu betrachten. Anstatt passive Zuschauer zu sein, versuchen wir, aus jedem Zuhör-Ereignis das Beste herauszuholen. Überraschenderweise kann manchmal die beste Entscheidung darin bestehen, sich dafür zu entscheiden, nicht zuzuhören.

> Jessicas Arbeitsplatz lag an der Kreuzung zweier Flügel ihres Großraumbüros. Ihr so genanntes Büro wurde der informelle Treffpunkt aller, die auf dem Wege zur und von der Kaffeemaschine vorbeiliefen. Die meiste Zeit genoss Jessica die Gesellschaft, aber es gab Momente, an denen sie sich frustriert fühlte, weil sie sich wegen der ausführlichen Unterhaltungen nicht auf ihre Arbeit konzentrieren konnte. Wenn sie sich dabei erwischte, dass sie ihre Gedanken zu ihrer dringlichen Arbeit wandern ließ, fühlte sie sich oft schuldig.

In einer unserer Trainingssitzungen erklärten wir Jessica, dass sie als Zuhörerin die Wahl hatte. Schließlich ließ sie es bleiben, sich schuldig zu fühlen und entschied sich dafür, das nächste Mal selektiver zuzuhören, wenn ihre Arbeitskollegen begannen, eine Geschichte zu erzählen, die sie bereits gehört hatte. Sie übte sich darin, abzuschalten und ihre Zuhör-Energie auf die Aufgaben zu konzentrieren, die für ihre Arbeit und ihren Berufserfolg höhere Priorität hatten.

Im obigen Beispiel übernahm Jessica die Kontrolle der Zuhör-Situation. Sie erkannte, welche Entscheidungen sie zu treffen hatte und fing an, bewusste Entscheidungen zu treffen, wie sie zuhören wollte. Ähnlich wie Jessica können wir lernen, die Macht des Zuhörens zu nutzen.

Anmerkungen

1. R. G. Nichols (1957): Listening is a 10-part skill. *Nation's Business*, S.56-58; A. Wingfield and D.L. Byrnes (1981): *The Psychology of Human Memory*. New York: Academic Press.
2. J. Brownell (1990): Perceptions of effective listeners: A management study. In: *Journal of Business Communication*, 27, 401-415; D. Stauffer (Juli 1988): Yo, listen up: A brief hearing on the most neglected communication skill. *Harvard Management Update*, S.10-11.
3. D. Borisoff and M. Purdy (Hrsg.) (1997): *Listening in Everyday Life. A personal and Professional approach*. 2. Auflage, Lanham, MD: University Press of America; K. W. Watson und L. L. Barker (1984): Listening behavior: Definition and measurement. In R. N. Bostrom (Hrsg.): *Communication Yearbook Eight*, Beverly Hills: Sage, S.178-197.
4. R. G. Nichols (1966): Listening instruction in the secondary school. In S. C. Duker (Hrsg.): *Listening readings*. New York: Scarecrow Press, S.242-243; Rhodes, K. W. Watson and L. L. Barker (1990): Listening assessment. Trends and influencing factors in the 1980s. *Journal of the International Listening Association*, 4, S.62-82.
5. F. I. Wolff and N. C. Marsnik (1991): Listening instruction trends in randomly selected colleges and universities. Presented at the International Listening Association convention. Jacksonville, FL.
6. L. L. Freeman (1999): Re-finishing school. In: *Working Woman*, S.84-85.
7. R. Josselson (1992): *The Space between Us: Exploring the Dimensions of Human Relationships*. San Francisco: Jossey-Bass.
8. S. M. Simonton (1984): *The Healing Family: The Simonton Approach for Families Facing Illness*. Toronto. Bantam Books.
9. B. D. Sypher, R. N. Bostrom and J. H. Selbert (1989): Listening, communication abilities, and success at work. *Journal of Business Communication*, 26, S.293-301.
10. J. Fioravante and D. I. Stein (1998): Seller, beware: Little missteps can crush your deal. How to stay on the right path. *Success*, 54.

11. A. R. Field (1990): Your service underground: What the truck driver can teach the CEO. Success, 38; T. O. Jones und W. E. Sasser (1995). Why satisfied customers defec). *Harvard Business Review,* S.43-55; S. E. Prokesch (1995): Competing on customer service: An interview with British Airways' Sir Colin Marshall. *Harvard Business Review,* S.25-38; M. Stein, T. Thompson and L. Cusella (1995): The impact of organizational structure and supervisory listening indicators on subordinate support, trust, intrinsic motivation, and performance. *International Journal of Listening,* 9, S.84-105.
12. T. Peters and N. Austin (1985): *Passion for Excellance.* New York: Warner Books.
13. T. Peters (1987): *Thriving on Chaos.* New York: Harper & Row.

2.
Zuhören mit einer Präferenz: Wie jeder von uns seinen eigenen Stil des Zuhörens hat

Was du bist, redet so laut; ich kann nicht hören, was du sagst.

Ralph Waldo Emerson

In den frühen 80er-Jahren haben wir damit begonnen zu fragen, wie und warum Kunden, Teilnehmer an Workshops und Studenten unterschiedlich zuhören. Wir haben festgestellt, dass sich Aufmerksamkeit und Interesse der Zuhörer im Laufe der Vorlesungen, Workshops und Kurse dramatisch veränderten. Wir haben auch erkannt, dass es Ungereimtheiten bei dem gibt, was die Zuhörer fesselt. Unsere Neugier diesbezüglich fand dann 1984 in der Entwicklung des ersten Prototyps des Zuhör-Präferenzenprofils und 1993 in der Verbesserung und Vervollständigung des Instruments ihren Ausdruck.[1] Seitdem haben zahlreiche Studien zu einer Fundgrube von Forschungen mit dem Instrument der Zuhör-Präferenzen beigetragen.

Zuhör-Präferenzen werden davon bestimmt, wie, wo, wann, wer und was für eine Art von Information wir von anderen haben möchten. Die Methode, für die wir uns entscheiden, um Informationen zu erhalten, schließt ein, ob es uns leichter fällt, anderen am Telefon oder persönlich zuzuhören, und welchen Aufbau der Mitteilungen wir bevorzugen. Einige von uns ziehen es vor, in groben Zügen zuzuhören; andere mögen Redner, die interessante Geschichten und Beispiele einflechten. Die meisten bevorzugen für das Zuhören bestimmte Orte; manche von uns hören in angenehmen Umgebungen und andere in formellen Situationen am besten zu. Einige von uns sind Morgentypen, während andere nachmittags oder abends bessere Zuhörer sind. Wir haben auch Vorlieben und Abneigungen bezüglich der Art von Information, der wir am liebsten zuhören. Während es einige als einfach empfinden, technische Daten zu hören, mögen andere sie als zu trocken und langweilig empfinden. Zusätzlich zur empirischen Forschung wurde unser Profil verwendet und in der Praxis bei Seminaren und Präsentationen über Zuhören mit weltweit Tausenden von Teilnehmern erprobt. 1998 hat die Sendung 20/20 des Fernsehsenders ABC das Zuhör-Präferenzprofil in der Reihe „Reden gegen die Wand" (Talking to a Wall)[2] gebracht. In unseren Workshops und Übungen wenden wir das Zuhör-Präferenzprofil an, um den Teilnehmern dabei zu helfen:

- die einmaligen Vor- und Nachteile des Warum und Wie wir zuhören, zu verstehen;
- Mitteilungen effektiver den Chefs und Arbeitskollegen anzupassen;
- die optimale Art zu finden, Entscheidungsträger oder Personen im Publikum anzusprechen, wenn es darum geht, ein Produkt zu verkaufen, eine Präsentation zu Hause zu organisieren, einen Gedanken zu verbreiten oder bestimmte Altersgruppen zu interessieren;
- Unterschiede in Teams und Arbeitsgruppen zu beurteilen und einzuschätzen.

Das Zuhör-Präferenzprofil ist in diesem Buch enthalten, um Ihnen eine Möglichkeit zur Verfügung zu stellen, mehr über Ihre eigenen Vorlieben sowie die Vorlieben der anderen zu erfahren. Nachdem Sie das Profil ausgefüllt haben, liefern wir Ihnen aus unseren Erfahrungen eine Beschreibung und ein Beispiel jeder Vorliebe. Die Intention der Beispiele besteht nicht darin, alle Merkmale zu repräsentieren, die ein besonderer Zuhörstil verkörpert. Sie sollen Sie zum Nachdenken darüber anregen, wie Präferenzneigungen in tatsächlichen Situationen ausgedrückt werden können. Nach dem Beispiel liefern Vor- und Nachteile jedes Merkmals eine ausgewogene Perspektive für jeden Präferenztyp.

Das Zuhör-Präferenzprofil

Denken Sie an eine bestimmte Zuhör-Rolle oder Zuhör-Situation, in der Sie sich oft befinden. Sie können sich z.B. aufs Zuhören bei der Arbeit, als Freund, als Ehepartner oder als Elternteil konzentrieren. (Hinweis: Sie können das Instrument mehrfach, in unterschiedlichen vorgestellten Rollen und Situationen ausfüllen). Behalten Sie beim Lesen der nachfolgenden Liste von Aussagen die spezifische Zuhör-Rolle oder -Situation bei, für die Sie sich entschieden haben. Kreisen Sie auf Ihrem Antwortblatt die zutreffende Ziffer ein, indem Sie den nachstehenden Schlüssel verwenden.

immer	5
häufig	4
manchmal	3
selten	2
nie	1

1. *Ich konzentriere meine Aufmerksamkeit auf die Gefühle anderer Menschen, wenn ich ihnen zuhöre.* 5 4 3 2 1
2. *Wenn ich anderen zuhöre, merke ich schnell, ob sie zufrieden oder enttäuscht sind.* 5 4 3 2 1
3. *Es beschäftigt mich, wenn ich von den Problemen anderer höre.* 5 4 3 2 1
4. *Ich versuche gemeinsame Interessen zu finden, wenn ich neuen Bekannten zuhöre.* 5 4 3 2 1
5. *Ich nicke und/oder benutze Blickkontakt, um mein Interesse an dem, was sie sagen, zu zeigen.* 5 4 3 2 1
6. *Ich bin frustriert, wenn die anderen ihre Gedanken nicht in geordneter und wirksamer Weise darlegen.* 5 4 3 2 1
7. *Wenn ich anderen zuhöre, konzentriere ich mich bei dem Gesagten auf Ungereimtheiten und/oder Fehler.* 5 4 3 2 1
8. *Ich springe gedanklich voraus und/oder beende die Gedanken der Redner.* 5 4 3 2 1
9. *Ich werde bei Leuten, die bei Unterhaltungen schwafeln, ungeduldig.* 5 4 3 2 1
10. *Ich stelle Fragen, um den Rednern zu helfen, schneller zum Kern zu kommen.* 5 4 3 2 1

11. *Ich warte, bis alle Fakten dargelegt wurden, bevor ich mir Urteile und Meinungen bilde.* 5 4 3 2 1
12. *Ich bevorzuge fachliche Informationen.* 5 4 3 2 1
13. *Ich bevorzuge Fakten und Beweise zu hören, um sie persönlich einschätzen zu können.* 5 4 3 2 1
14. *Ich mag die Herausforderung, mir differenzierte Informationen anzuhören.* 5 4 3 2 1
15. *Ich stelle Fragen, um nach zusätzlichen Informationen zu forschen.* 5 4 3 2 1
16. *Wenn ich in Eile bin, lasse ich die anderen wissen, dass ich nur eine begrenzte Zeit zum Zuhören habe.* 5 4 3 2 1
17. *Ich beginne eine Diskussion damit, den anderen zu sagen, wie viel Zeit ich habe.* 5 4 3 2 1
18. *Ich unterbreche andere, wenn ich mich unter Zeitdruck fühle.* 5 4 3 2 1
19. *Ich schaue auf meine Armbanduhr oder auf die Uhr im Raum, wenn meine Zeit, anderen zuzuhören, begrenzt ist.* 5 4 3 2 1
20. *Wenn ich Zeitdruck fühle, leidet meine Fähigkeit, mich auf das zu konzentrieren, was andere sagen.* 5 4 3 2 1

Punkte

Zählen Sie zusammen, wie oft Sie bei den Aussagen 1 bis 5 die Zahlen 4 oder 5 eingekreist haben:
personenorientiert = ________________

Zählen Sie zusammen, wie oft Sie bei den Aussagen 6 bis 10 die Zahlen 4 oder 5 eingekreist haben:
handlungsorientiert = ________________

Zählen Sie zusammen, wie oft Sie bei den Aussagen 11 bis 15 die Zahlen 4 oder 5 eingekreist haben:
inhaltsorientiert = ______________

Zählen Sie zusammen, wie oft Sie bei den Aussagen 16 – 20 die Zahlen 4 oder 5 eingekreist haben:
zeitorientiert = ______________

Interpretation der Zuhör-Präferenz

Jetzt haben Sie vier Ergebnisse, je eines für jede der vier Zuhör-Präferenzen: Personen, Handlung, Inhalt und Zeit.
Nun erkennen Sie die Typen der Zuhör-Präferenzen, für die Sie die höchsten Werte haben. Diese Ergebnisse sagen eine Menge über Ihren bevorzugten Zuhör-Stil aus.
Für die Interpretation Ihrer Ergebnisse gelten folgende Regeln:

1. Die Stärke der Präferenz wird von der Anzahl der Einkreisungen bei jedem Zuhör-Präferenz-Typ angezeigt.

   4 – 5 Punkte bedeuten eine hohe Präferenz
   3 Punkte bedeuten eine mittlere Präferenz
   1 – 2 Punkte bedeuten eine niedrige Präferenz
   0 Punkte bedeuten keine Präferenz

2. Hohe Werte (4 oder 5 Punkte) bei zwei oder mehr Typen weisen auf mehrfache Zuhör-Präferenzen hin.

3. Null Punkte bei allen Typen deuten eine mögliche Zuhör-Vermeidung an.

Vier Zuhör-Präferenzen

Personenorientierte Zuhörer

Personenorientierte Zuhörer sind meist damit beschäftigt, wie das Zuhören ihre Beziehung zu anderen beeinflusst. Sie hören zu, um die Gefühlslage anderer zu verstehen, und bilden sich in der Regel kein Urteil über die anderen. Wenn wir mit persönlichen Problemen oder Krisen konfrontiert sind, suchen sich viele von uns personenorientierte Zuhörer. Den meisten Typen von Menschen gegenüber sind sie offen und können sich so in die Probleme anderer überdurchschnittlich hineinversetzen. In der Realität kann es manchmal vorkommen, dass personenorientierte Zuhörer beim Zuhören ihre Objektivität verlieren und vom Gehörten davongetragen werden.

> Ted ist Sozialarbeiter in einem großen medizinischen Komplex. Nach 15 Jahren Sozialarbeitererfahrung beschreiben ihn seine Arbeitskollegen als den geduldigsten, fürsorglichsten und offensten Zuhörer, den sie kennen. Er gibt sich viel Mühe, eindeutige Botschaften zu vermitteln und zu erhalten, indem er Fragen stellt, das Gesagte verdeutlicht und das von anderen Gehörte wiederholt. Leider ist sein Chef über seine Art, mit den Fällen umzugehen, beunruhigt. In den letzten sechs Monaten konnte Ted seine Berichte nicht termingerecht abliefern. Damit konfrontiert, erkennt sein Chef, dass Ted, wenn er sich zu viel Zeit nimmt, um seinen Klienten zuzuhören, von seinem übermäßigen Engagement an ihren Problemen an der Einhaltung der Fristen gehindert wird.

Teds Zuhör-Verhalten zeigt einige extreme Merkmale eines personenorientierten Zuhörers. Betrachten Sie die nachfolgenden Merkmale, um mehr über diese Präferenz zu erfahren. Finden Sie dabei diejenigen heraus, die Sie am häufigsten an sich selbst bemerken.

Personenorientierte Merkmale

Vorteile:
- bemüht und kümmert sich um andere
- wertet nicht
- gibt deutliche verbale und nonverbale Rückmeldungssignale
- erkennt die Gefühlslagen anderer
- ist interessiert Beziehungen aufzubauen
- erfasst schnell Stimmungen anderer

Nachteile:
- übermäßige gefühlsmäßige Verwicklung mit anderen
- vermeidet es, Fehler bei anderen zu sehen
- verinnerlicht/übernimmt die Gefühlslage anderer
- verhält sich gegenüber anderen aufdringlich
- gibt übertrieben deutliche Rückmeldungen
- ist wenig wählerisch beim Aufbau von Beziehungen

Handlungsorientierte Zuhörer

Handlungsorientierte Zuhörer konzentrieren sich intensiv auf die nahe liegende Aufgabe. Sie neigen häufig dazu, in groben Zügen zuzuhören und finden es schwierig, desorganisierten Rednern zu lauschen. Der handlungsorientierte Zuhörer ist ein geschätztes Mitglied der meisten Versammlungen, weil er oder sie andere ermuntert, beim Thema zu bleiben und die Informationen logisch und gegliedert darzustellen. Da sie manchmal übermäßig aufgabeninteressiert erscheinen, wirken handlungsorientierte Zuhörer ungeduldig und nicht sehr interessiert am Aufbau von Beziehungen zu anderen.

Melissa ist MBA-Studentin[4] an einer hoch angesehenen Universität. Als berufstätige Mutter, die Abendkurse besucht, ist sie daran interessiert, die besten Informationen in kürzester Zeit zu erhalten. Obwohl sie es vermied, den erforderlichen Kurs in Finanzwissenschaft bei einem für seinen weitschweifigen Unterrichtsstil bekannten Professor zu belegen, blieb ihr schließlich keine Wahl. Sie verließ den ersten Kursabend frustriert und gelangweilt. Sie hatte nichts Neues gelernt. Beim nächstes Mal war sie entschlossen, ihre Zeit bestmöglichst zu nutzen. Sie ging mit einer Reihe spezifischer Fragen hinein, die dem Professor helfen sollten, beim Thema zu bleiben.

Handlungsorientierte Merkmale

Vorteile:
- erkennt rasch den Kern der Sache
- gibt eine klare Rückmeldung bezüglich der Erwartungen
- konzentriert die Energie auf das Verstehen der nahe liegenden Aufgabe
- hilft anderen, sich auf das Wichtige zu konzentrieren
- ermutigt andere, organisiert und präzise zu sein
- erkennt Ungereimtheiten in Mitteilungen

Nachteile:
- neigt zur Ungeduld mit weitschweifigen Rednern
- springt gedanklich voraus und kommt schnell zu Schlussfolgerungen
- lässt sich leicht von konfusen Rednern ablenken
- stellt unverblümt Fragen über andere
- erscheint als überkritisch
- reduziert emotionale Probleme und Angelegenheiten auf ein Minimum

Inhaltsorientierte Zuhörer

Inhaltsorientierte Zuhörer neigen dazu, sorgfältig alles zu bewerten, was sie hören. Es gefällt ihnen, sich Einzelheiten anzuhören und unter die Oberfläche zu graben, um alle Aspekte eines Problems zu erkunden. Manchmal kann es so aussehen, als ob sie durch ein Mikroskop schauen würden, um Informationen zu sezieren. Sie bevorzugen es normalerweise, Experten und sehr glaubwürdigen Quellen zu lauschen. Inhaltsorientierte Zuhörer versuchen, alle Seiten eines Themas zu betrachten, und sie hören sich gerne herausfordernde und komplexe Informationen an. Sie mögen auch spontane Diskussionen und einen kreativen Ideenaustausch. Häufig sind Leute mit technischen Qualifikationen oder Interessen inhaltsorientierte Zuhörer.

Carol ist in ihrer Dienstleistungsfirma eine angesehene Mitarbeiterin. Mit ihrem abgeschlossenen Ingenieursstudium verfügt sie über ausgezeichnete analytische Fähigkeiten und andere wenden sich an sie als Ansprechpartnerin. Beim ersten morgendlichen Termin versucht ein Vertreter, ihrer Abteilung ein neues Produkt zu verkaufen. Als er zu reden beginnt, beurteilt Carol seine Referenzen und seine Art zu sprechen. Im Laufe des Gesprächs macht sich Carol im Kopf und schriftlich Notizen über seine Präsentation. Wenigstens einmal unterbricht sie seinen Vortrag, um eine Frage über eine seiner Dienstleistungen zu stellen. Am Ende der Präsentation fasst sie das Gesagte zusammen, äußert ihre Vorbehalte, betont, was sie für Stärken hält und empfiehlt ihm, ihr einen Vorschlag zu machen, der auf ihre Fragen eingeht.

Inhaltsorientierte Merkmale

Vorteile:

- bewertet fachliche Informationen hoch
- bemüht sich um Klarheit und Verstehen
- ermutigt andere, um sie bei ihren Ideen zu unterstützen
- begrüßt differenzierte und herausfordernde Informationen
- berücksichtigt alle Seiten einer Sache

Nachteile:

- übermäßig auf Einzelheiten hin orientiert
- kann andere durch gezielte Fragen einschüchtern
- vernachlässigt den Wert nichttechnischer Information
- wertet Informationen unbekannter Personen ab
- benötigt viel Zeit für Entscheidungen

Zeitorientierte Zuhörer

Zeitorientierte Zuhörer sind wie Wecker und ermuntern auch andere dazu. Sie schätzen Zeit hoch ein und werden oft ungeduldig mit denen, die sie verschwenden. Während sie Effektivität und Zeitmanagement fördern, können die selbst aufgezwungenen Zeitbegrenzungen ihre Kreativität einschränken. Zeitorientierte Zuhörer müssen darauf achten, Beziehungen zu anderen nicht zu unterbrechen oder abzuwerten.

Die Verhaltensweisen vieler zeitorientierter Zuhörer werden leicht mit denjenigen von Leuten gleichgesetzt, die als Geschäftsleute oder in der Industrie tätig sind. Bob ist z.B. Mitglied einer internationalen Anwaltskanzlei. Es ist nicht ungewöhnlich, ihn im Gespräch mit seinem Personal dabei zu beobachten, dass er in seinen Terminkalender oder auf eine seiner Uhren schaut. Im Laufe des Nachmittags steckt sein Seniorpartner den Kopf in Bobs Büro und fragt: „Haben Sie eine Minute Zeit?" Bob antwortet: „Sicher, ich habe zehn Minuten, aber dann muss ich den Kundenbericht, den Sie wollten, abgeschlossen haben." Vor Gesprächsbeginn schließt Bob seine Tür, bittet seine Sekretärin, alle Telefonate für die nächsten zehn Minuten auf die Warteschleife zu legen, schiebt alles, woran er gerade arbeitet, auf die Seite und widmet dem Chef seine ungeteilte Aufmerksamkeit. Obgleich zeitbewusst, kann sich Bob auch auf wichtige Themen konzentrieren. Die zeitorientierten Zuhörmerkmale, die Bob bei der Arbeit anwendet, werden normalerweise geschätzt. Dieselben Merkmale können jedoch zu Hause oder mit Freunden als störend empfunden werden.

Zeitorientierte Merkmale

Vorteile:

- geht effektiv und sparsam mit Zeit um
- teilt anderen den Zeitbedarf fürs Zuhören mit
- gibt für Treffen und Gespräche einen zeitlichen Rahmen vor
- hält langatmige Redner davon ab, Zeit zu verschwenden
- lässt andere merken, wenn sie Zeit verschwenden

Nachteile:
- neigt zur Ungeduld gegenüber Zeitverschwendern
- unterbricht andere, womit er Zwang auf Beziehungen ausübt
- lässt es zu, dass Zeit die Konzentrationsfähigkeit beeinträchtigt
- drängt die Redner durch häufiges Auf-die-Uhr-Sehen
- begrenzt mit Zeitdruck die Kreativität anderer

Mehrfache Präferenzen

Es ist nicht ungewöhnlich, dass eine Person hohe Werte in zwei oder mehr Präferenzkategorien erzielt. In der Tat weisen 40 Prozent aller Befragten mindestens zwei starke Präferenzen auf.[5] In manchen Fällen ergänzen sich die Präferenzen einander, während sie sich in anderen widersprechen. Wenn Sie z.B. starke personen- und zeitorientierte Präferenzen haben, könnte es sein, dass Sie in einigen Situationen eine größere Gesprächsbereitschaft zeigen und in anderen drängender sind.

Die Barkeeperin Alice ist eine abwechselnd personen- und zeitorientierte Zuhörerin. Von den vier Barkeepern, die in der Abendschicht arbeiten, hat sie die meisten Stammgäste. Ein Grund für ihre Beliebtheit ist ihr Interesse und ihre Anteilnahme, die sie ihren Gästen besonders am frühen Abend erweist. Wenn in der Bar nicht zu viel los ist, hört sie sich aufmerksam Geschichten, Probleme und das Herzeleid ihrer Gäste an. Wie die meisten personenorientierten Zuhörer ist Alice oft an Geschichten mehr interessiert als an den Einzelheiten der aufgenommenen Bestellungen. Wenn die Bar voll wird, beginnt sie häufig Zeitdruck zu spüren, und ihre personenorientierte Präferenz wird allmählich von der zeitorientierten abgelöst. Wenn sie zeitorientiert wird, sinkt ihre Bereitwilligkeit, sich beiläufige Gespräche anzuhören. Sie fängt an, direkt nach Bestellungen zu fragen und durch Gesichtsausdruck und Blicke zu zeigen, dass sie etwas ungedul-

> dig wird. Gelegentlich verwirrt sie ihre Stammgäste, die sie nur von Situationen kennen, als in der Bar nicht viel los war.

Wenn es mehrfache Präferenzen gibt, können mehrere Faktoren entscheiden, welche Präferenz zu einem bestimmten Zeitpunkt auftritt. Einige der wichtigsten Faktoren sind:

- Zeitdruck
- Interesse oder Motivation für den Redner/das Thema
- Kommunikationszusammenhang
- Anwesenheit (wichtiger) anderer Personen während des Gesprächs
- Energiereserven zum Zuhören

Obwohl mehrfache Zuhör-Präferenzen gewöhnlich unabhängig voneinander sind, überlappen sie sich gelegentlich. Eine der verbreitetsten Kombinationen beinhaltet handlungs- und zeitorientierte Präferenzen.

> Ellen, eine handlungsorientierte Zuhörerin, bevorzugt gut strukturierte Ausschussberichte. Wenn die Komiteemitglieder Informationen ohne klare Zielsetzung oder Struktur vorlegen, wird ihre zeitorientierte Präferenz aufgerufen, und sie beginnt Fragen zu stellen, um die Teilnehmer zu ihrer Aufgabe zu führen, wobei sie ihnen ihre zeitlichen Grenzen verdeutlicht, oder sie fängt an, auf die Uhr zu schauen.

Mehrfache Präferenzen beim Zuhör-Präferenzprofil sind eigentlich von der Kommunikationssituation abhängige mehrfache Gewohnheiten. Wenn wir die Situationen kennen und verstehen, die mit größerer Wahrscheinlichkeit eine bestimmte Präferenz ansprechen, können wir damit beginnen, bewusste Entscheidungen zu treffen, ob wir gewohnheitsmäßig oder aktiv zuhören.

Wann treten Zuhör-Präferenzen auf?

Folgende Richtlinien lassen erkennen, wann eine Präferenz eine andere überschatten kann.

Personenorientiert: Personenorientierte Zuhör-Präferenzen dominieren, wenn:

- eine Beziehung zum Sprecher sehr erwünscht ist,
- der Rahmen für das Zuhören informell oder vertraut ist.

Handlungsorientiert: Handlungsorientierte Zuhör-Präferenzen dominieren, wenn:

- der Zuhörer über einen geringe Vorrat an Zuhör-Energie verfügt,
- der Rahmen eher formal als informell ist.

Inhaltsorientiert: Inhaltsorientierte Zuhör-Präferenzen dominieren, wenn:

- der Zuhörer sehr am Thema oder am Sprecher interessiert ist,
- der Kommunikationsrahmen beruflicher oder geschäftlicher Art ist.

Zeitorientiert: Zeitorientierte Zuhör-Präferenzen dominieren, wenn:

- Zeitdruck herrscht,
- die Aufgabe wichtiger ist als die Beziehung zum Sprecher.

Fehlen von Zuhör-Präferenzen

Ungefähr 20 Prozent von uns zeigen im Zuhör-Präferenzprofil wenige oder überhaupt keine Zuhör-Präferenzen. Wenn Sie in allen Kategorien den Wert Null erzielt haben, kann es sein, dass Sie in bestimmten Umgebungen und Zusammenhängen keine Informationen durch Zuhören bekommen möchten. Das Fehlen von Zuhör-Präferenzen wird als „Zuhör-Vermeidung" bezeichnet. Das ist nicht unbedingt ein negatives Merkmal, doch kann es in Extremfällen Probleme verursachen. Zwei der verbreitetsten Ursachen für Zuhör-Vermeidung sind Introversion und Erschöpfung.

Introversion beim Zuhören

Introversion ist ein Persönlichkeitsmerkmal, das die Zuhör-Präferenz häufig beeinträchtigt. Introvertierte Personen ziehen oft Einsamkeit oder stille Interaktionen den Massen und lärmenden Umgebungen vor. Traditionellerweise bevorzugen es diese als introvertiert charakterisierten Menschen, mit Computern und Maschinen zu arbeiten und machen mehr als der Durchschnitt Gebrauch von schriftlicher Kommunikation.

> Carlos, ein Computerprogrammierer, wurde in den letzten zehn Jahren nicht befördert. Er ist eine fleißige Arbeitskraft und fühlt sich mit elektronischen Geräten wohler als mit Menschen. Infolge seiner introvertierten Persönlichkeit sitzt er lieber vor einem Computerbildschirm oder einem Buch, als dass er sich mit anderen unterhält. Seine Arbeitskollegen betrachten ihn als Einsiedler. Wenn er kommuniziert, verwendet er E-Mail, Fax oder schriftliche Dokumente und verlangt, dass die anderen dasselbe tun. Carlos Abneigung, mit anderen persönlich oder auch nur telefonisch zu kommunizieren, hat seine berufliche Mobilität behindert.

Wenn Sie bei allen Präferenztypen Null erzielt haben und sich als Introvertierter betrachten, könnte dies der Hauptgrund sein. Viele von uns können jedoch die Gesellschaft anderer und lebhafte verbale Konversation genießen und doch niedrige Ergebnisse bei allen Präferenztypen erzielen. In diesem Fall könnte Erschöpfung beim Zuhören dafür verantwortlich sein.

Erschöpfung beim Zuhören

Wenn Sie physisch und mental erschöpft sind, haben Sie vielleicht keine Energie mehr zum Zuhören. In Kapitel 5 werden wir die Begriffe Zuhör-Energie und Erschöpfung in allen Einzelheiten besprechen. Denken Sie jetzt aber an die Häufigkeit und Intensität der Gespräche, denen Sie in letzter Zeit ausgesetzt waren und finden Sie heraus, ob Sie sich als

Zuhörer ein wenig erschöpft fühlen. Trifft dies zu, handelt es sich bei Ihrer Zuhör-Vermeidung wahrscheinlich eher um eine temporäre als um eine dauerhafte Präferenz.

> Mary Ellen, eine neue, gerade von der Universität gekommene Grundschullehrerin, hatte bei ihrem Abschluss eine starke personenorientierte Zuhör-Präferenz (tatsächlich erzielen die meisten neuen Lehrer als personenorientierte Zuhörer sehr hohe Werte). Sie liebte Kinder und konnte es kaum erwarten, ihre neue Stelle als Hauptschullehrerin in Dayton, Ohio anzutreten. Nach drei Monaten intensiven Unterrichtens kehrte sie über Weihnachten zu ihren Eltern zurück. Mary Ellen fand in ihrem Notizbuch für Erziehungspsychologie eine Kopie des Zuhör-Präferenzprofils und entschied sich, es – einfach so, zum Spaß – nochmals auszufüllen. Sie war überrascht zu erfahren, dass sie jetzt keine starke Zuhör-Präferenz mehr hatte. Was war geschehen?

Mary Ellens Erfahrung ist sehr verbreitet. Glücklicherweise erhalten die meisten Lehrer nach den Ferien ihre Zuhör-Energie zurück und werden wieder personenorientierter. Einige unserer neueren Untersuchungen mit Medizinstudenten zeigen auch ein Nachlassen der personenorientierten Präferenzen zwischen dem ersten und zweiten Jahr an der Medizinischen Fakultät.[6] Außerdem tendieren auch die Umgangsformen dazu, sich zu verschlechtern, wenn die Ärzte Erschöpfung (nicht nur beim Zuhören) erfahren.

Wenn Ihre Ergebnisse beim Zuhör-Präferenzprofil darauf hindeuten, dass Sie zur Zuhör-Vermeidung neigen, kann dies Ihre Arbeit und Ihre Beziehungen beeinträchtigen. Es ist wichtig, daran zu denken, dass Sie, auch wenn Sie möglicherweise in bestimmten Situationen nicht zuhören wollen, die Fähigkeit haben, das mit Bewusstsein und Bemühen doch zu tun. Behalten Sie auch im Gedächtnis, dass auch wenn Sie das Zuhören nicht vermeiden, andere Leute es doch häufig tun. Zuhör-Vermeidung, entweder im Zusammenhang mit Introversion oder mit Erschöpfung, kann für uns als Redner eine wichtige Herausforderung sein. Kapitel 3 wird Wege untersuchen, sich als Redner an verschiedene Zuhör-Präferenzen anzupassen.

Zuhör-Präferenzen: Einige Gedächtnisstützen

Unsere Zuhör-Präferenzen haben sich durch jahrelange Übung gebildet und verstärkt und sie entwickeln sich in jedem von uns unterschiedlich. Wir haben Präferenzen, wie und wann wir zuhören und finden es leichter, bestimmten Leuten zuzuhören als anderen. Manche von uns ziehen es vor, nur Fachleuten zuzuhören, andere wollen unterhalten werden und manche konzentrieren sich auf die Bedürfnisse der anderen Person. Die meisten denken nicht daran, die Art ihres Zuhörens zu ändern, doch wäre das Zuhören besser und angenehmer, wenn wir das täten. Wäre es nicht angemessener, unser Zuhören zu verändern, wenn wir als Schöffen wirken, Klaviervorträgen lauschen, mit Freunden plaudern oder an Trainingsseminaren teilnehmen?

Zuhör-Präferenzen können sich ändern

Anders als Persönlichkeitstypen und Lernstile, die zur Beständigkeit im Zeitverlauf tendieren, können sich Zuhör-Präferenzen ziemlich schnell ändern. Wir werden später in diesem Kapitel einige der Gründe diskutieren, warum sich Präferenzen ändern können. Da Präferenzen veränderbare Zustände sind und nicht beständige Züge, ist es wichtig, unsere Freunde und Bekannten nicht nach einer oder zwei Zuhör-Präferenzen abzustempeln (z.B. Sheila ist eine *personenorientierte Zuhörerin*, während Mark ein *inhaltsorientierter Zuhörer* ist). Etiketten und Stereotype können irreführend sein, weil sich Zuhör-Präferenzen infolge Tageszeit, vorhandener Energie, Kontext, Umgebung, Thema oder Millionen anderer Faktoren ändern können. Wenn Sie etwas über Ihre Präferenzen erfahren, werden Sie nicht nur ihre primäre(n) Präferenz(en) erkennen, sondern sich auch bewusster werden, wann und warum sie sich ändern.

Es gibt keine „beste" Art des Zuhörens

Es ist wichtig, zu vermeiden, unsere Zuhör-Präferenzen oder die anderer als gut oder schlecht zu betrachten. Jede Präferenz hat

Merkmale, die genauso gut positiv und negativ sein können, wenn sie übertrieben werden. Die Lösung ist, in der Lage zu sein, unser Zuhör-Verhalten den Präferenzen des Sprechers anzupassen, um auf derselben Seite wie er zu sein. Dasselbe Prinzip, nur umgekehrt, gilt, wenn wir die Rolle des Sprechers einnehmen. Indem wir unsere Botschaft den Präferenzen der Zuhörer anpassen, gewinnen wir ihre Aufmerksamkeit, erhalten rascher Zustimmung und gewinnen sie eher und bauen oft engere Beziehungen auf. In Kapitel 3 werden wir Wege erörtern, um uns Zuhörern mit anderen Präferenzen als unseren eigenen anzupassen.

Das Verhalten der Zuhörer wird von Zeitdruck und Beziehungen beeinflusst

Wie viel Zeit wir zum Zuhören haben, beeinflusst die Art, in der wir anderen zuhören ebenso wie die Beziehung zu einer Person. z.B. mögen Steuerberater zum Steuertermin wegen Zeitdrucks ihre Arbeitskollegen, die nicht sofort auf den Punkt kommen, unterbrechen und Strategien anwenden, um Telefongespräche mit Kunden abzukürzen. Zu anderen, weniger stressreichen Zeiten können dieselben Steuerberater entspanntere Zuhör-Präferenzen zeigen, etwa geruhsame Gespräche führen, ungeteilte Aufmerksamkeit für andere aufbringen oder Kundenanrufe nur zur Kontaktpflege durchführen. Auch wenn wir unter Druck stehen, hören wir normalerweise den Leuten, die wir schätzen oder die uns beeinflussen unterschiedlich zu. Wenn z.B. Manager ihre Sekretärinnen anweisen, Anrufe auf die Warteschleife zu legen, nehmen sich die meisten Zeit zum Zuhören, wenn ihr Aufsichtsratsvorsitzender anruft.

Das Verstehen Ihrer eigenen Zuhör-Präferenzen gibt Ihnen eine Wahl

Da Präferenzen Gewohnheiten sind, stellen sie nicht [illegible]
einzige Option beim Zuhören dar. (Sie haben tats[illegible]
Wahl bezüglich der zu ergreifenden Präferenz). [illegible]
einen Augenblick daran. Es ist z.B. nicht realis[illegible]
Gesprächen auf einer Cocktail-Party zu erwarten, [illegible]
logisch aufeinander folgen oder ansatzweise geglie[illegible]

Ihren bevorzugten Zuhör-Stil oder Ihre Zuhör-Gewohnheiten solchen Situationen aufzudrängen, wäre für Sie und für Ihre Gäste frustrierend. Ähnlich kann die Erklärung eines komplexen technischen Problems nicht in sechzig Sekunden abgeschlossen werden, sodass ein zeitorientierter Zuhörer gut beraten wäre, geduldig zu sein.

Es ist schwierig, von einem von der Arbeit geprägten Zuhör-Verhalten umzuschalten

Viele Angestellten finden es schwierig, wenn nicht unmöglich, Zuhör-Kanäle umzuschalten. Da bestimmte Typen des Zuhör-Verhaltens täglich mindestens acht Stunden verstärkt werden, vergessen Berufstätige beim Nachhausekommen oft, welchen Kanals sie sich bedienen. Anstatt auf einen anteilnehmenden, fürsorglichen und emotionalen Kanal umzuschalten, bleiben viele weiterhin auf dem Kanal, den sie bei der Arbeit benutzt haben und wenden ihn auf Ehefrauen, Kinder und Freunde an. Für die Arbeit angemessene Kommentare kommen denen zu Hause oft als kritisch, bewertend und urteilend an. Wenn Zuhörer darauf hingewiesen werden, Kanäle zu schalten, können sie bestimmen, ob sie die Leute, die sie lieben, als Angestellte behandeln oder nicht.

Nun, da Sie Ihre persönlichen Zuhör-Präferenzen verstehen und die Faktoren, die Ihre positiven und negativen Züge hervorrufen, können Sie daran arbeiten, Ihre positiven Züge zum Einsatz zu bringen. Wenn Sie verstehen, wann und welche Faktoren Ihre Präferenz(en) hervorrufen, werden Sie besser in der Lage sein, Ihr Zuhören zu regulieren.

Anmerkungen

1. K. W. Watson (1984): *Listening Preference Profile.* New Orleans: SPECTRA Communication Associates; K. W. Watson and L. L. Barker (1988): *Listener Preference Profile.* New Orleans: SPECTRA, Inc.; K. W. Watson, L. L. Barker and J. B. Weaver (1992): Development and validation of the listener

preference profile. Vortrag bei der International Listening Association, Seattle, WA.

2. *Up Against a Wall.* (1998). ABC 20/20.
3. K. W. Watson and L. L. Barker (1994): *Listener Preference Profile.* New Orleans: SPECTRA, Inc.
4. MBA: Master of Business Administration
5. K. W. Watson, L. L. Barker and J. B. Weaver (1995): The listening styles profile (LSP-16): Development and validation of an instrument to assess four listening styles. *International Journal of Listening,* 9, S.1-13.
6. K. W. Watson, C. J. Lazarus and T. Thomas (1999): First Year Medical Students' Listener Preferences: A Longitudinal Study. *Journal of International Listening Association,* 13, S.1-11.

3.
Kanäle wechseln ohne Fernsteuerung: Wie man sich zur Verbesserung der Kommunikation an die Zuhör-Präferenzen anderer anpasst

Geschicktes Zuhören ist die beste Arznei gegen Einsamkeit, Redseligkeit und Kehlkopfentzündung.

William Arthur Ward

Sherlock Holmes, der berühmte Held des Autors Sir Arthur Conan Doyle, dürfte einer der fähigsten Menschenbeobachter aller Zeiten gewesen sein. Er nutzte sein gesamtes Beobachtungsvermögen für unglaubliche, interessante und wertvolle Schlussfolgerungen.
Sherlock Holmes ... schüttelte lächelnd den Kopf, als er meine fragenden Blicke bemerkte. „Aus den offensichtlichen Tatsachen, dass er irgendwann körperliche Arbeit geleistet hat, dass er Schnupftabak benutzt, dass er ein Freimaurer ist, dass er in China gewesen ist und dass er in der letzten Zeit ziemlich viel geschrieben hat, kann ich sonst keine weiteren Schlussfolgerung ziehen."
„... Wie, in Gottes Namen, haben Sie das alles erfahren, Herr Holmes?", fragte er. „Wie haben Sie z.B. herausgefunden, dass ich körperlich gearbeitet habe? ..."
" ... Ihre Hände, lieber Herr. Ihre rechte Hand ist fast eine Nummer größer als Ihre linke Hand. Sie haben damit gearbeitet und die Muskeln sind stärker entwickelt."
„... Na, gut, aber der Schnupftabak und die Freimaurerei?"
„ ... Sie haben einen Anstecker mit Winkelmaß und Zirkel."
„Ah, ja, selbstverständlich, ich habe das vergessen. Und das Schreiben?"
„Was sonst folgt aus der rechten, auf fünf Zoll so strahlend sauberen Manschette und der linken mit dem

glatten Fleck neben dem Ellbogen, wo Sie sich am Schreibtisch aufstützen?"

„Auch gut, aber China?"

„Der Fisch, den Sie knapp über Ihrem Handgelenk haben tätowieren lassen, kann nur in China gemacht worden sein ... und darüber hinaus sehe ich eine chinesische Münze am Plättchen Ihrer Uhrkette hängen, ... das macht die Sache noch einfacher."[1]

Wenngleich Sherlock Holmes ein Romanheld ist, steht seine Beobachtungsfähigkeit nicht hinter den Möglichkeiten der meisten wirklichen Menschen mit einer Menge Training und Erfahrung zurück. Beobachtungen können uns auch helfen, ziemlich genau die Zuhör-Präferenz einer anderen Person festzustellen. Im vorherigen Kapitel haben Sie etwas über Ihre eigenen Zuhör-Präferenzen erfahren. Jetzt konzentrieren wir uns darauf, die Präferenzen anderer zu erkennen und sich ihnen anzupassen.

Die Präferenzen der anderen zu kennen, ist sowohl für unsere Redner-, als auch für unsere Zuhörer-Rolle nützlich. Als Zuhörer, neigen wir dazu, Botschaften durch die Filter unserer eigenen Präferenzen zu interpretieren. Ähnlich tendieren wir als Redner dazu, auf eine Art zu sprechen, die widerspiegelt, wie wir zuhören möchten. Sich der eigenen Präferenzen bewusst zu sein, ist der erste Schritt zur Verbesserung der Kommunikation. Die Präferenzen der anderen wahrzunehmen und sich ihnen anzupassen, ist der zweite und vielleicht wichtigste Schritt.

Drei Prinzipien der Zuhör-Präferenz

Konzentrieren wir uns zunächst auf einige allgemeine Prinzipien, die den Einfluss unserer Präferenzen auf uns und auf andere regeln.

1. **In Stresszeiten kehren die meisten Leute zu ihrer stärksten Zuhör-Präferenz zurück.** Da unser Zuhör-Verhalten eine Gewohnheit ist, fallen wir unter Stress gewöhnlich in vertraute und bequeme Verhaltensformen zurück.

Albert war Projektmanager einer ums Überleben kämpfenden Werbefirma. Als gewöhnlich handlungsorientierter Zuhörer arbeitete er daran, seine personenorientierten Zuhör-Präferenzen zu entwickeln. Er hat sich geschworen, anlässlich eines in Kürze beim Baltimore Werbeclub stattfindenden Treffens mehr personenorientierte Züge zu nutzen. Zu Beginn des Treffens versuchte er, sich mehr um Beziehungen zu kümmern, indem er persönliche Fragen stellte, Interesse an den Ideen anderer Menschen zeigte und nonverbale Zeichen beobachtete. Gegen Mitte des Treffens berichtete Sarah, Verkaufsvertreterin einer konkurrierenden Werbefirma, von ihrem Erfolg, zwei neue Kunden gewonnen zu haben, wovon einer vorher Alberts Kunde war.
Als er diese Information hörte, erfuhr Albert einen richtigen Schock. Sofort veränderte sich seine Körperhaltung und die Art, in der sich auf die Gruppe bezog, zurück in Richtung seiner handlungsorientierten Präferenz. Er fing sogar an, andere zu unterbrechen und ignorierte die Beiträge anderer Teilnehmer und nonverbale Zeichen.
Kommt Ihnen das bekannt vor? Albert ist wie viele von uns imstande, sich lange Zeit anderen anzupassen, wenn er es sich vornimmt. Stress kann uns jedoch dazu bringen, unsere Ziele zu vergessen und zu unseren alten Gewohnheiten zurückzukehren.

2. **Wenn wenig Energie zum Zuhören vorhanden ist, hören wir auf eine Art zu, die uns so wenig wie möglich abverlangt.** Denken Sie zurück und versuchen Sie sich zu erinnern, wie schwierig das Zuhören ist, wenn Sie sich müde, krank, gedrängt oder hungrig fühlen. In den meisten dieser Fälle werden Ihre Energiereserven eher dazu benötigt, Ihren Körper funktionsfähig zu halten als zuzuhören.

Herb, ein Computerprogrammierer, wies sowohl bei den personen- als auch bei den inhaltsorientierten Präferenzen hohe Werte auf. Als ihn die Grippe erwischte, fühlte er sich noch verpflichtet, ein für den Abschluss eines neuen Produktionssystems entscheidendes Programm zu beenden. Als Mittie, sein Assistent, anrief, um ihn etwas zu fragen, antwortete Herb kurz angebunden. Er forderte Mittie schroff auf, auf den Punkt zu kommen und hatte keine Geduld für Fragen, die er normalerweise ohne Probleme beantwortet hätte. Wegen seiner eingeschränkten Energie zum Reden und Zuhören hatte sich Herb auf eine Handlungspräferenz zurückgezogen. Wenn wir uns nicht wohl fühlen oder hundemüde sind, bevorzugen es die meisten von uns, schwierige oder anspruchsvolle Zuhör-Situationen, die Konzentration erfordern, zu vermeiden. Diese Neigung in uns und in anderen herauszufinden, kann helfen, unsere Zuhör-Qualität zu verbessern.

3. **Sich anzupassen braucht Übung.** Unsere Gewohnheiten bezüglich der Zuhör-Präferenzen sind tief verwurzelt. Die meiste Zeit arbeiten die Zuhör-Präferenzen gut für uns. Es handelt sich dabei um für uns sehr leicht nutzbare Gewohnheiten und Fähigkeiten, in denen wir sehr gut sind. Es gibt jedoch Zeiten, in denen uns unsere Präferenzen keine wirksame Kommunikation gestatten. Wenn wir z.B. eine starke *personenorientierte* Zuhör-Präferenz haben, benötigt man eine besondere Energie und Konzentration, um in Interaktion mit dem Chef zu treten, wenn er in *handlungsorientierter* Stimmung Dampf macht. Oder wir können ungeduldig und frustriert werden, wenn wir *zeitorientiert* sind und uns im Gespräch mit einem *inhaltsorientierten* Zuhörer befinden, der tief in Details einsteigen will. Auch wenn wir uns dessen bewusst sind, dass wir unsere Zuhör-Gewohnheiten ändern sollten, um uns besser an andere anzupassen, erfordert dies beträchtliche Übung.
Denken Sie daran, dass Zuhör-Präferenzen Hand in Hand mit Sprech-Präferenzen gehen. Als Sprecher neigen wir dazu, anderen Informationen in der Art weiterzugeben, in der wir sie selbst bekommen möchten. Wenn wir an unsere eigene Zuhör-Präferenz denken, müssen wir uns folglich auch daran erinnern, uns in der Sprecherrolle an die Präferenzen der anderen anzupassen.

Lora, eine Studentin im zweiten College-Jahr, arbeitete nachts in einem Café. Sie hatte in ihrem Kurs über Kommunikation etwas über Zuhör-Präferenzen gelernt und stimmte zu, für eine zusätzliche Note ihre Erfolge im Erraten der Präferenzen ihrer Gäste und ihrer Anpassung daran aufzuzeichnen. Sie war überrascht, dass es fast drei Wochen Übung bedurfte, bis sie sich daran erinnerte, sich ständig an die Präferenzen ihrer Kunden anzupassen. Zunächst vergaß sie ihr Ziel, als das abendliche Gedränge im Café begann. Später erinnerte sie sich häufiger daran, von ihrer Anpassungsfähigkeit Gebrauch zu machen. Wie bei vielen Gewohnheiten, brauchte sie etwa 21 Tage, um eine neue Gewohnheit der Abschätzung und Anpassung an Zuhör-Präferenzen auszubilden.

Nebenbei berichtete Lora am Ende des zweiten Jahres ihrem Professor für Kommunikation, dass es ihr möglich gewesen war, ihre Fähigkeit, die Präferenzen der anderen abzuschätzen und sich diesen anzupassen, auch nach Abschluss des Projekts für die zusätzliche Note ständig zu nutzen. Sie fügte hinzu, dass die neuen Fähigkeiten ihr halfen, viele neue Freunde zu finden und die Freundschaften, die sie schon hatte, zu verbessern.

Wir raten Ihnen, sofort mit der Arbeit zu beginnen, Ihre Zuhör-Gewohnheiten an die Präferenzen anderer anzupassen. Es gibt keinen besseren Zeitpunkt als jetzt! Akzeptieren Sie einfach, dass es unterwegs Ausrutscher und Stürze geben wird. Neue Gewohnheiten brauchen viel Zeit, um sich herauszubilden, aber Sie dürfen damit rechnen, in etwa drei Wochen Erfolge zu sehen.

Was wir über Zuhör-Präferenzen entdeckt haben

Wir haben fast 20 Jahre lang[2] Zuhör-Präferenzen beobachtet und bewertet. Wenn wir in unseren Kursen und Workshops das Zuhör-Präferenzprofil benutzt haben, haben wir die Antworten aufgezeichnet. Unsere Erfahrungen legen nahe, dass

Studenten in den unteren Semestern im Allgemeinen stärker personenorientierte Präferenzen haben und dass sich diese Präferenzen oft erheblich ändern, sobald die Studenten ein Hauptfach belegen und ihre Karrieren beginnen. In der Tat hat eine neuere Längsschnittstudie herausgefunden, dass sich die Präferenzen von Medizinstudenten im ersten Jahr von stark personenorientierten Präferenzen zu weniger starken Präferenzen gegen Ende des ersten Jahres gewandelt haben.[3]

Wir haben auch entdeckt, dass professionelles Training und Sachkenntnis die Wahrscheinlichkeit beeinflusst, dass eine Person eine besondere Zuhör-Präferenz erkennen lässt. In unseren Workshops zeigen Berufstätige im Dienstleistungssektor und Lehrer eine stärkere Neigung zu personenorientierten Präferenzen, Wissenschaftler und Ingenieure zu inhaltsorientierten Präferenzen, Rechtsanwälte und Finanzberater zu handlungs- und/oder inhaltsorientierten Präferenzen und Informatikfachkräfte und Fachleute in technischen Berufen zu inhaltsorientierten Präferenzen oder zu keinen.

Wie bereits im Kapitel 2 erwähnt wurde, haben etwa 40 Prozent der Gesamtbevölkerung zwei oder mehr starke Präferenzen, während weitere 40 Prozent eine einzige Zuhör-Präferenz aufweisen. Bei diesem Prozentsatz sind personen- und handlungsorientierte Präferenzen vorherrschend. Um die 25 Prozent der Gesamtbevölkerung haben zwei Zuhör-Präferenzen und um die 15 Prozent drei oder vier Präferenzen.[4]

Forschungsberichte legen nahe, dass die personenorientierte Zuhör-Präferenz vorherrschend ein weiblicher Zug ist, während inhalts- oder handlungsorientierte Präferenzen mehr männliche Züge sind. Bei der Untersuchung mehrfacher Präferenzen weisen mehr Frauen die Personen/Inhalts-Kombination auf, während bei den Männern die Handlungs-/Inhalts-Kombination vorherrscht. Mehr Männer als Frauen zeigen keine besondere Zuhör-Präferenz.[5] Diese Ergebnisse beruhen auf Untersuchungsberichten mit nordamerikanischen Teilnehmern. Untersuchungen in anderen Ländern deuten an, dass kulturelle Unterschiede die Zuhör-Präferenzen beeinflussen.[6]

Bewertung von Zuhör-Präferenzen

Freunde, Arbeitskollegen und nahe stehende Menschen

Je mehr Zeit wir mit anderen verbringen, desto besser sind wir darin, fundierte Schätzungen über deren Zuhör-Präferenzen vorzunehmen. Wir beginnen jedoch auch damit, Annahmen darüber zu machen und eine erfolgreiche Kommunikation vorauszusetzen. Wir nehmen vielleicht an, dass wir wissen, welche Zuhör-Präferenzen andere haben, wenn wir es eigentlich nicht wissen. Stellen Sie sich selbst folgende Fragen:

1. Wie verpacken Sie Ihre Information, wenn Sie wollen, dass sich Ihr bester Freund (Ihre beste Freundin) an das erinnert, was Sie gesagt haben?
2. Wie präsentieren Sie die Ideen, für die Sie Ihren Mann (Ihre Frau) oder eine Ihnen nahe Stehende Person gewinnen wollen?
3. Welche Merkmale des Büros geben Ihnen Hinweise darauf, ob Ihre Arbeitskollegen beim Zuhören personen-, handlungs-, inhalts- oder zeitorientiert sind?
4. Welche persönlichen Merkmale nutzen Sie zur Feststellung der Zuhör-Präferenzen Ihrer Freunde?

Wenn Sie die Antworten auf diese Fragen nicht kennen, kann Ihnen die Liste häufiger Stichworte und Anhaltspunkte für personen-, handlungs-, inhalts- und zeitorientierte Zuhörer weiter hinten in diesem Kapitel helfen.

Neue Bekanntschaften und Freunde

Menschen, die wir nicht sehr gut kennen, sind am schwierigsten richtig einzuschätzen. Erste Begegnungen mit potenziellen Angestellten, Kunden und sogar persönliche Verabredungen stellen sowohl besondere Herausforderungen als auch Gelegenheiten dar, uns anderen Zuhör-Präferenzen anzupassen. Durch Beobachtung der Umgebung, des Büros und durch Hinweise auf die Person können wir die besten Wege zur Kommunikation mit jeder neuen Person, die wir treffen, finden. Denken Sie daran, dass unsere eigenen Zuhör-

Gewohnheiten aufgrund des mit dem Treffen neuer Leute verbundenen Stresses bei den ersten Begegnungen mit viel größerer Wahrscheinlichkeit stören können.

> Fritz war etwas nervös vor seinem Treffen mit Jerold, dem Verkaufsleiter einer großen Warenhauskette. Mehr als alles andere wollte er beim ersten Treffen einen guten Eindruck machen. Als er sich mit Jerold zum Mittagessen im China Star verabredete, konnte er einfach nicht aufhören, ununterbrochen zu reden. Tatsächlich war Fritz so beschäftigt mit dem Versuch, Jerold zu beeindrucken, dass er mehrere Hinweise nicht bemerkte, die anzeigten, dass Jerolds Zeit knapp bemessen war. Er nahm die Botschaft nicht auf, und erst später (als er diese Geschichte in einem unserer Seminare erzählte), begriff er, dass ihn sein Unvermögen, Jerolds Zeitpräferenz zu erkennen und sich ihr anzupassen, ein neues Geschäft gekostet hat.

Hätte Fritz in diesem Beispiel Jerolds häufige Blicke auf die Wanduhr im Restaurant bemerkt oder seine ersten Versuche verabschiedenden Verhaltens (einschließlich Serviette auf den Tisch legen, Stuhl zurückschieben, nach dem Kellner schauen) beobachtet, hätte er leicht Jerolds zeitorientierte Präferenz feststellen können. Hätte Fritz das getan, hätte er aufgehört zu reden und das Treffen rechtzeitig beendet. Wenn man die Zuhör-Präferenzen neuer Bekannter schnell abschätzt und sich erfolgreich daran anpasst, kann man Beziehungen aufbauen und zu einem neuen Geschäft kommen.

Hinweise und Anhaltspunkte für Zuhör-Präferenzen

Auf Seite 64 finden Sie eine Liste mit Hinweisen, die Ihnen Anhaltspunkte für fundiertere Einschätzungen der primären Zuhör-Präferenzen anderer liefern. Denken Sie daran, dass nicht alle Anhaltspunkte nützlich sind. In der Tat können einige Hinweise aus der Umgebung im Büro sogar irreführend sein. Bevor Sie die Zuhör-Präferenzen von Leuten mittels

Hinweisen aus deren Büro einschätzen, stellen Sie fest, ob sie selbst oder andere das Büro eingerichtet haben; das Büro einer Person kann eigentlich mehr über jemand anderen oder über die Firma aussagen, als über die Person, die Sie versuchen einzuschätzen. Nutzen Sie Hinweise, die Ihnen helfen können, bessere Urteile zu treffen, als wenn Sie nur zufällig raten würden. Wenn sich Ihre anfängliche Meinung über die Zuhör-Präferenz eines anderen als falsch erweist, nutzen Sie Rückmeldungen, um Ihre Annahme für spätere Gespräche zu modifizieren.

Wenn Sie regelmäßig die Präferenzen anderer Leute einschätzen, wird sich Ihre Genauigkeit verbessern. Für den Beginn Ihres Trainings suchen Sie sich eine Person aus, deren Zuhör-Präferenz Sie feststellen wollen. Finden Sie mithilfe der unten beschriebenen Hinweise heraus, ob Sie diese Person für hauptsächlich personen-, handlungs-, inhalts- oder zeitorientiert halten. Nachdem Sie die Präferenz dieser Person festgestellt haben, können Sie die Information als Hilfe dafür benutzen, um mit dieser Person effektiver zu interagieren.

Veränderung der Kommunikation zur besseren Anpassung an die Präferenzen anderer

Sich an die Präferenzen der Zuhörer während des Sprechens anpassen

Nachdem Sie die Präferenzen einer anderen Person so gut wie möglich eingeschätzt haben, können Sie damit beginnen, die Informationen möglichst vorteilhaft zu nutzen. Bevor Sie zu sprechen beginnen, sollten Sie eine Strategie für den besten Weg zur Kommunikation mit Ihren Zuhörern festlegen. Es kann sein, dass manche Leute nicht zuhören möchten, und dass Sie daran denken müssen, sie zu unterhalten oder einzubeziehen. Andere brauchen vielleicht eine gut strukturierte Präsentation. Denken Sie daran, bei Ihrem nächsten Treffen folgende Strategien anzuwenden.

	Hinweise durch Büro/ Umgebung	persönliche Hinweise
Personen-orientiert	persönliche Bilder an der Wand	schafft/hält Blickkontakt
	persönlicheGegenstände im Zimmer oder auf dem Schreibtisch	variiert den Tonfall
	Kram auf dem Schreibtisch	lächelt und nickt oft zustimmend
Handlungs-orientiert	Schreibtischutensilien wie Stiftbox und Ablagesystem	frisches, kraftvolles Händeschütteln
	Zertifikate und arbeitsbezogene Bilder an der Wand	schnelleres Sprechtempo
	geordnete Bücherregale	zeigt Anzeichen von Desinteresse wie z.B. kritzeln, mit Finger trommeln, mit Fuß wippen
	sauberer Schreibtisch	
Inhalts-orientiert	geordnete Stapel auf dem Schreibtisch	ernster Gesichtsausdruck
	Forschungs- und Nachschlagwerke in der Nähe des Schreibtisches	herausfordernder oder kämpferischer Tonfall
	Computer läuft die ganze Zeit	schaut häufig auf, während er Informationen verarbeitet
Zeit-orientiert	eine oder mehrere vom Schreibtisch aus sichtbare Uhren	sieht oft auf die Uhr
	Sekretärin ruft an und erinnert an Termine	zeigt ungeduldigen Gesichtsausdruck
	stellt Wecker an Uhr oder Computer ein	benutzt Wecker und andere Signale zur Zeitansage

Personenorientierte Strategien

- Erzählen Sie Geschichten und geben Sie Beispiele, die die menschliche Seite erkennen lassen.
- Verwenden Sie im Gespräch mehr „wir" statt „ich".
- Gebrauchen Sie Vornamen.
- Verwenden Sie dezenten Humor oder Beispiele.

Handlungsorientierte Strategien

- Begrenzen Sie die wichtigen Punkte auf drei oder weniger.
- Kurze und themenbezogene Präsentation.
- Sprechen Sie schnell, aber mit kontrolliertem Tempo.

Inhaltsorientierte Strategien

- Liefern Sie – soweit vorhanden – aussagekräftige Daten.
- Zitieren Sie glaubwürdige Experten.
- Verwenden Sie Tabellen und Grafiken.

Zeitorientierte Strategien

- Versuchen Sie, soweit als möglich, innerhalb des Zeitrahmens zu bleiben.
- Verzichten Sie auf überflüssige Beispiele und Informationen.
- Seien Sie einfühlsam gegenüber nonverbalen Hinweisen, die auf Ungeduld oder den Wunsch zu gehen deuten.

Denken Sie daran, dass es nicht ungewöhnlich ist, unzutreffende Annahmen zu machen. Eine Person kann mehrfache Präferenzen haben oder kann einige verwirrende oder widersprüchliche Hinweise geben. Fahren Sie fort Rückmeldung zu suchen, wenn Sie sich anderen anpassen, um zu sehen, ob Ihre Strategie funktioniert. Wenn nicht, seien Sie bereit, sich auf der Stelle anzupassen.

Tipps zur Anpassung an mehrere Zuhör-Präferenzen

Früher haben wir erklärt, wie sich Präferenzen gegenseitig ergänzen oder widersprechen können. Wenn es mehrfache Präferenzen gibt, bestimmen einige Faktoren wie z.B. Zeitdruck, Umgebung und Anwesende, welche Präferenzen in

Erscheinung treten. Erinnern Sie sich, dass mehrere Präferenzen eigentlich mehrere Gewohnheiten sind, die situationsabhängig unterschiedlich auftreten. Wenn Sie die Situation kennen und verstehen, die eher eine bestimmte Präferenz hervorruft, können Sie anfangen, eine bewusste Wahl zu treffen, wie Sie sich anderen anpassen.

Anpassung an Gruppen

Das Erkennen von Zuhör-Präferenzen kann Ihnen bei Interaktionen mit einer anderen Person helfen, aber die Interaktion mit mehr als einer Person schafft besondere Herausforderungen. Kleine Gruppen und ein großes Publikum setzen sich aus Individuen unterschiedlicher Erfahrungen, Ausbildungsniveaus, Geschlechtszugehörigkeit, Rassen und Zuhör-Präferenzen zusammen. Wenn Sie sich in einer Personalversammlung, bei einem Familientreffen oder in einer öffentlichen Vorlesung befinden, machen Sie von Ihren Kenntnissen über die Zuhör-Präferenzen Gebrauch, um mit diesen Ereignissen erfolgreicher umgehen zu können.

Zunächst sollten Sie daran denken, dass wenn sich drei oder mehr Leute versammeln, diese als Zuhörer vermutlich mehrere und/oder verschiedene Präferenzen haben. Zweitens unterstellen Sie vielleicht, dass es Ihr Ziel sein sollte, alle dazu zu bringen, Ihnen die ganze Zeit über zuzuhören. Obgleich ideal, ist es unrealistisch zu erwarten, alle Zuhörer während des gesamten Gesprächs oder der gesamten Präsentation fesseln zu können. Im Folgenden finden Sie einige Vorschläge für Redner, die sich an die Bedürfnisse unterschiedlicher Zuhörer anpassen wollen.

1. **Bekommen Sie ein Gespür für Ihr Zielpublikum.** Wenn möglich, denken Sie im Voraus an die Zusammensetzung Ihrer Zuhörer. Ihr Ziel ist, zu entscheiden, wie Sie Ihren Zuhörern am besten helfen, auf das, was Sie zu sagen haben, eingestimmt zu bleiben. Fragen Sie Folgendes:

- Wer wird dabei sein?
- Sind diese Leute freiwillig gekommen?
- Warum sind sie da und was erhoffen sie sich?

- Welche Präferenzen haben diese Menschen aufgrund ihrer Beschäftigung und/oder ihres Interesses am wahrscheinlichsten?
- Welche Gesprächsstrategien sollten mit der Gruppe am besten funktionieren?

Wenn Sie diese Fragen nicht im Voraus beantworten können, müssen Sie an Ort und Stelle eine Einschätzung über die Zuhörer vornehmen. Denken Sie daran, früh zur Versammlung oder zur Verabredung zu kommen, bei der Sie sprechen sollen. Mischen Sie sich unter die Menge und gewinnen Sie einen Eindruck über das, was am besten funktionieren könnte. Stellen Sie ruhig am Anfang Ihrer Rede Fragen. Aufgrund der Reaktionen können Sie herausfinden, ob eine eher personen-, handlungs-, inhalts- oder zeitorientierte Vortragsweise angebracht ist.

2. **Benutzen Sie die Selbstbedienungs-Annäherung.** Viele von uns mögen Restaurants mit Selbstbedienung und Buffets, weil für jeden etwas dabei ist. Ganz gleich, wie Ihr Geschmack oder Ihre Vorlieben sind, werden Sie etwas finden, was Sie essen können. Ähnlich ist es, wenn Sie zu gemischten Gruppen sprechen: Eine gute Strategie besteht darin, jedem Präferenztyp einen Leckerbissen zu geben.

   Als sie eine Präsentation von Vorschlägen vorbereitete, studierte AJ ihr Publikum sehr sorgfältig. Sie wusste, dass eine eigens dafür gebildete Gruppe von sieben Personen teilnehmen würde. Niles, der Präsident und hauptsächliche Entscheidungsträger, ist ein inhalts- und zeitorientierter Zuhörer. Carmen und Ralph, zwei Vizepräsidenten und Ausschussmitglieder, sind fast ausschließlich handlungsorientierte Zuhörer. Gina, eine personenorientierte Zuhörerin, ist die Assistentin von Niles und beeinflusst häufig seine Entscheidungen. Die anderen zwei Mitglieder vermeiden oft Situationen, in denen sie zuhören müssen, aber es wird von ihnen verlangt, dass sie dabei sind und ihre Stimme abgeben. Eine dem Thema eigentlich angemessene Präsentation wäre AJs Sache abträglich. In diesem Fall entscheidet sie sich, sich auf Niles und seine Assistentin als ihre unmittelbaren Zielpersonen im Publikum zu konzentrieren. Sie hat dreißig Minuten zur Verfügung, aber sie plant eine zehnminütige Präsentation, komplett mit gedrucktem und visuellem Material. Für Niles ordnet sie sorgfältig ihre Gedanken, zitiert glaubwürdige Quellen und untermauert jeden Punkt mit sachlichen, konkreten Informationen. Wegen Gina nennt sie die Namen der Mitglieder der Arbeitsgruppe, verwendet persönliche Beispiele, die Gina vertraut sind, und schenkt ihr nonverbal besondere Aufmerksamkeit durch Lächeln und häufige Blicke in ihre Richtung. Sie bemüht sich, einen aktiven Präsentationsstil aufrechtzuerhalten und bittet so oft wie möglich um Beteiligung.

3. **Wenden Sie sich in Ihrem Vortrag an die wichtigsten Entscheidungsträger.** Während AJ Techniken anwandte, um sich Beteiligung und Aufmerksamkeit aller Mitglieder der Arbeitsgruppe zu sichern, kümmerte sie sich am meisten um Niles und Gina. Obwohl wir uns bemühen sollten, alle Personen im Publikum so viel wie möglich zu beteiligen, müssen wir unsere Ziele im Kopf behalten. Da Sie nicht jedem gefallen können, müssen Sie entscheiden, wer Ihre wichtigsten Zielzuhörer sind, und sich auf diese Personen konzentrieren.

4. **Formulieren Sie Ihre Gedanken präzise.** Für jede Zuhör-Präferenz ist es grundsätzlich wichtig, die Gedanken kurz und bündig darzustellen und auf den Punkt zu bringen. Auch wenn zufriedene Menschen und Zuhörer längeren Darstellungen gegenüber gewöhnlich toleranter sind, lautet der beste Rat, das Reden zu beenden, bevor das Publikum mit dem Zuhören aufhört. Die Verinnerlichung dieser Regeln sollte dazu beitragen, dass Ihr Publikum Ihnen zuhört, bis Sie mit dem Reden aufgehört haben.

Verständnis für Unterschiede

Obwohl es uns vielleicht leichter fallen würde, wenn alle Zuhörer gleich wären, würden unsere Interaktionen ohne

Unterschiede vermutlich sehr langweilig sein. Da wir nicht wie geklonte Wesen funktionieren, kann die richtige Einschätzung der Präferenzen der Zuhörer zunächst schwierig sein. Die Präferenzen zu erkennen, erfordert Konzentration und Bemühen, aber die Beherrschung dieser Fähigkeiten kann Ihnen einen Wettbewerbsvorteil verschaffen. Wenn Sie am Anfang versuchen, die Präferenzen der Zuhörer herauszufinden und sich ihnen anzupassen, können Sie einige Fehler machen. Zunächst könnten Sie vergessen, wie Sie das Gelernte anwenden. Sie könnten die falsche Präferenz herausfinden oder das Vorhandensein mehrerer Präferenzen ignorieren. Aber wenn Sie beharrlich sind, werden Sie entdecken, wie wertvoll es ist, Ihre eigenen Präferenzen und die der anderen zu verstehen.

> Das Zusammenprallen von Konversationsstilen kann sowohl am Gesprächs- als auch am Frühstückstisch Unheil anrichten ...
>
> *Deborah Tannen, Talking from 9 to 5*

Anmerkungen

1. A. C. Doyle (1976): „The Red-headed League“, in *The Illustrated Sherlock Holmes Treasury*. New York: Crown Publishers, Inc., S.17.
2. J. B. Weaver, III and M. D. Kirtley (1995): Listening styles and empathy. *The Southern Communication Journal,* 60, S.131-140; J. B. Weaver, III/K. W. Watson and L. L. Barker (1996): Individual differences in listening styles: Do you hear what I hear? *Personality and Individual Differences Journal,* 19, S.1-7.
3. K. W. Watson, C. J. Lazarus und T. Thomas (1999): First Year Medical Students' Listener Preferences: A Longitudinal Study. *Journal of International Listening Association.*
4. K. W. Watson, L. L. Barker and J. B. Weaver, III (1995): The listening styles profile (LSP-16): Development and validation of an instrument to assess four listening styles. *International Journal of Listening,* 9, S.1-13.

5. Wie oben zitiert.
6. C. Kiewitz, J. B. Weaver, III, H. B. Brosius and G. Weimann (1997): Cultural Differences in listening style preferences: A comparison of young adults in Germany, Israel, and the United States. *International Journal of Public Opinion Research*, 9, S.233-247.

4.
Zuhör-Barrieren: Fallen aufspüren und überwinden

Leichtes Zuhören gibt es nur im Radio.

David Barkan

Am Anfang unserer Workshops über Zuhören schreiben wir oft die Wörter „Zuhörer, Lemminge und Schwarze-Witwe-Spinnen" auf ein Flipchart und fragen die Teilnehmer, was sie miteinander verbindet. Die meisten schauen uns mit verwunderten Ausdruck an und schütteln verwirrt den Kopf. Dann erzählen wir Folgendes:

Szene 1: Es ist fast dunkel und der Himmel glüht purpurfarben, die untergehende Sonne hebt die verwitterten Silhouetten der weißen Klippen gegenüber den im Meer verstreuten spitzen Felsen ab. In der Ferne bewegt sich eine Gruppe kleiner, nagetierartiger Wesen unbeholfen und bedächtig voran. Fast wie die Kinder dem Rattenfänger von Hameln folgen sie dem Anführer. Die unerschütterlich marschierenden Wesen nähern sich der Klippe und springen, einer nach dem anderen, über den Rand ins Meer. Das dumpfe Geräusch ihrer auf die Felsen fallenden Körper unterbricht die abendliche Stille. Bei diesen Wesen handelt es sich um Lemminge.

Szene 2: Als der Mond aufgeht, scheinen zwei schwarze Spinnen mit einer roten Markierung in Form einer Sanduhr auf dem Hinterleib neben einem Netz zu tanzen, das in einer dunklen Ecke einer alten Scheune hängt. Der Tanz wird immer intensiver und am Höhepunkt der Ekstase werden beide zu einem Wesen. Aber die Schönheit dieses wunderbaren Tanzes wird überschattet, als das Weibchen sich umdreht, das Männchen brutal angreift und es leblos zurücklässt. Die Schwarze Witwe hat ihr Paarungsritual beendet.

Diese zwei Szenen beschreiben zwei der merkwürdigsten Naturrätsel. Das Rätsel der Lemminge ist Selbstzerstörung. Die Erklärung für dieses Paradoxon bleibt für die Wissenschaftler auch nach Jahren der Beobachtung und Erforschung ein Mysterium. Das Rätsel der Schwarzen Witwe beinhaltet Zerstörung anderer. Die Schwarze Witwe nimmt den Satz „man verletzt immer denjenigen, den man liebt" wortwörtlich.

Zu verschiedenen Zeiten verhalten sich schlechte Zuhörer sowohl wie Lemminge als auch wie Schwarze Witwen. Sie können beides sein, selbstzerstörerisch und zerstörerisch gegenüber anderen, sogar gegenüber denen, die sie vielleicht lieben. Das Ziel unserer Workshops ist, den Teilnehmern zu helfen, Wege zu finden, ihr Zuhören zu intensivieren und die Beziehungen durch die Art des Zuhörens, für das sie sich entscheiden, zu verbessern. Gutes Zuhören kann eine positive, heilende Kraft haben. Andererseits kann, wie bei Lemmingen und Schwarzen Witwen, schlechtes Zuhören Beziehungen schädigen und zerstören.

Zuhören als tödliche Waffe

Inwiefern verhält sich ein schlechter Zuhörer wie ein Lemming? Schlechtes Zuhören verursachte einen Verbrennungstod, als ein Arbeiter in einem Kraftwerk angewiesen wurde, keinen Aufzug zu benutzen, weil fünf Stockwerke darüber ein Feuer ausgebrochen war. Der Arbeiter hörte nicht, betrat den Aufzug und erlitt tödliche Verbrennungen, als der Aufzugsschacht explodierte.

Schlechte Zuhörer können sich auch wie Schwarze Witwen verhalten.

Als ein Pilot beim Rollen auf dem Internationalen Flughafen von Los Angeles Anweisungen für einen Umweg um eine verkehrsreiche Start- und Landebahn falsch interpretierte, wurden Besatzung und Passagiere getötet. Der Fehler führte zum Zusammenstoß zweier Flugzeuge auf der Landebahn mit zahlreichen Toten und dauerhaft Geschädigten.

Den Untersuchungen zufolge war in diesen beiden Fällen ein menschlicher Zuhör-Fehler der hauptsächliche Grund für die Opfer. Zum Glück für uns alle sind die Ergebnisse der meisten

Zuhör-Fehler weniger zerstörerisch als diese. Manche Zuhör-Fehler verursachen nur Verlegenheit, so, wenn man sich an den Namen einer neuen Bekanntschaft nicht erinnert. Andere Zuhör-Fehler führen zu kleineren Unannehmlichkeiten, z.B. wenn man einen Arzttermin verpasst oder wenn man am falschen Abend zu Freunden zum Abendessen kommt. Unabhängig davon, ob die Fehler lebensbedrohend oder nur störend sind, schädigt schlechtes Zuhören Familienbeziehungen, lässt Geschäftsverhandlungen entgleisen und zerstört internationale Vorhaben.

Während die Geheimnisse der Natur bezüglich der Lemminge und der Schwarzen Witwen rätselhaft bleiben, sind die Geheimnisse guten Zuhörens überhaupt nicht mysteriös. Aber es reicht nicht, die Geheimnisse des Zuhörens zu entdecken.

Das größte Zuhör-Paradoxon

Obwohl es im Zusammenhang mit dem Zuhör-Verhalten viele Paradoxa gibt, ist das größte vielleicht, dass *die meisten von uns zugeben, nicht gut zuzuhören, und doch wenig tun, um es zu verbessern.*[1] Selbstverständlich gibt es viele andere zerstörerische Verhaltensweisen wie übermäßiges Trinken, Rauchen, Essen oder Drogenkonsum, bei denen die Menschen unwillig oder unfähig sind, sie zu überwinden. Infolgedessen könnte es auf den ersten Blick so erscheinen, als ob das Zuhör-Paradoxon nicht so ungewöhnlich ist. Der Unterschied liegt darin, dass Zuhör-Fehler und -pannen oft als geringfügig oder leicht entschuldbar aufgefasst werden. Die Beispiele am Anfang dieses Kapitels betonen jedoch, dass Zuhör-Versagen für den Betreffenden und für andere genau so destruktiv sein kann wie schädliche Abhängigkeiten.

In unseren Workshops bitten wir die Teilnehmer, sich als Zuhörer auf einer Skala von 0 bis 100 einzuschätzen. Die meisten haben nie daran gedacht, sich selbst als Zuhörer einzuschätzen. Sie sagen, es wäre leichter gewesen, wenn wir sie gebeten hätten, sich als Redner in der Öffentlichkeit, als Schriftsteller, Golfspieler oder Mathematiker einzuschätzen. Bei diesen Fähigkeiten haben sie einen Maßstab, um ihre

Talente vergleichen können. Da jedoch Zuhören ein innerer Prozess ist, haben die meisten von uns nie daran gedacht, wie gut sie zuhören. Nehmen Sie sich jetzt einen Augenblick Zeit, um sich selbst als Zuhörer einzuschätzen. Wie gut hören Sie – auf einer Skala von 0 zu 100 – zu?

- Zu Hause? ____________________
- Beruflich? ____________________

Bei den meisten von uns beruhen die Rangplätze auf dem, was andere gesagt haben – „Du bist ein guter Zuhörer" oder: „Du erinnerst Dich nie an das, was ich sage." Wenn wir die Teilnehmer um eine zahlenmäßige Einschätzung bitten, bekommen wir gewöhnlich Ergebnisse im Bereich von 35 bis 85 mit dem Durchschnitt um 60. Wenn jetzt Ihr Kind mit einer 3- im Diktat nach Hause kommen würde, wären Sie weniger als zufrieden. Warum ist es so, dass wir, wenn wir Fehler in der Art des Zuhörens finden, wenig oder nichts tun, um sie zu verbessern? Könnte es sein, dass wir uns auf die gefährliche Annahme verlassen, dass wir gut zuhören können, wenn wir es *müssen*? Oder ist es so, dass die negativen Folgen bisher nicht schlimm genug gewesen sind, um uns zu Änderungen zu zwingen?

Jetzt, nachdem Sie sich selbst eine Note im Zuhören gegeben haben, machen Sie den nächsten Schritt in dieser Übung: Denken Sie daran, wie die wichtigsten Leute in Ihrem Leben Sie als Zuhörer bewerten würden. Schreiben Sie die Note auf, von der Sie meinen, dass Sie Ihnen jeder der folgenden Menschen auf derselben Skala von 0 zu 100 geben würde.

- Bester Freund ________
- Chef ________
- Arbeitskollege oder vergleichbare Person ________
- Untergebene (soweit vorhanden) ________
- Ehefrau/Ehemann/eine andere Ihnen wichtige Person/Liebespartner (soweit vorhanden und wenn die Ehefrau/der Ehemann nicht Ihr bester Freund ist) ________
- Kinder (besonders Teenager, soweit vorhanden) ________

Vergleichen Sie jetzt die Einschätzungen, die Sie sich selbst gegeben haben mit denjenigen, die Ihnen Ihrer Meinung nach die anderen geben würden. Sind die Einschätzungen im Vergleich zu denen, die Sie sich selbst gegeben haben höher, niedriger oder gleich?

Im Laufe der Jahre folgen die Einschätzungen unserer Teilnehmer gewöhnlich demselben Muster. Wir nehmen an, dass uns unsere besten Freunde die besten Noten geben würden (normalerweise viel höher, als wir uns selbst bewerten). Das macht Sinn: Ein Grund, warum wir glauben, dass wir jemanden für unseren besten Freund halten, ist, dass er zuhört. Die meisten von uns denken, dass unsere Vorgesetzten uns höher bewerten als wir uns selbst. Auch wenn wir dem, was unsere Chefs sagen, nicht zustimmen, verbergen die meisten von uns ihre wahren Gefühle und/oder simulieren Aufmerksamkeit, wenn wir ihnen zuhören. Ein Grund, warum wir einem Chef gegenüber ein effektiveres Zuhör-Verhalten demonstrieren, ist, dass er oder sie mehr Macht und Einfluss auf uns ausübt.

Es ist vorhersehbar, dass die Noten, die wir von Gleichgestellten zu erhalten glauben, gewöhnlich in etwa dieselben sind, die wir uns selbst geben. Im Unterschied dazu glauben wir meist, dass uns unsere direkten Untergebenen oder Personen, die wir überwachen, niedriger einschätzen, als wir uns selbst bewerten. Auch wenn wir wirklich zuhören, werden viele von uns dafür nicht gelobt, weil wir nicht immer das tun, um was uns die anderen bitten. Viele von uns glauben, dass eine andere Person nur dann zuhört, wenn er oder sie mit uns übereinstimmt und/oder tut, was wir verlangen.

Wir denken gewöhnlich, dass uns unser Ehepartner oder Lebensgefährte die niedrigste Bewertung geben würde. Tatsächlich ist diese Einschätzung 20 oder 30 Punkte niedriger als die, die wir uns selbst geben. Nachdem man mit jemandem mehrere Jahre zusammenlebt, werden viele als Zuhörer faul. Wir simulieren vielleicht Aufmerksamkeit, nehmen an, dass wir wissen, was die andere Person sagen will oder schalten gewohnheitsmäßig ab. Es ist interessant festzustellen, dass viele neuen Beziehungen damit beginnen, dass eine Person jemanden sucht, der sie versteht und ihr zuhören will.

Teenager sind eine andere Gruppe wichtiger Menschen, von denen wir annehmen, dass sie uns niedriger bewerten, als wir uns selbst einschätzen. Ähnlich wie bei den direkten Untergebenen, die nicht glauben, dass ihnen die Chefs zuhören, haben Kinder (besonders Jugendliche) Ziele, die häufig im Widerspruch zu denjenigen ihrer Eltern stehen. Glücklicherweise gehen die Einschätzungen in die Höhe, wenn die Teenager zu jungen Erwachsenen heranreifen.

Denken Sie einen Augenblick an die Fähigkeiten, um deren Verbesserung Sie sich bemüht haben. Die Liste könnte Golfschwünge, Tennisschläge, Angelwürfe, Bridgestrategien und eine Menge anderer Aktivitäten beinhalten, die Sie als vorrangig betrachten. Zuhören ist die einzige Fähigkeit, die mehr als andere Beziehungen, Gesundheit, Reichtum und Glück verbessern kann, aber gleichzeitig ist sie auch die einzige, um deren Veränderung sich wenige von uns bemühen. Dennoch ist schlechtes Zuhören eine Beziehungshypothek, die viele von uns ignorieren möchten.

Drei weit verbreitete Zuhör-Fallen

Zusätzlich dazu, dass *die meisten von uns zugeben, dass wir wenig getan haben, um unsere Zuhör-Effizienz zu verbessern*, gibt es drei häufige Zuhör-Fallen, die unsere Beziehungen beeinträchtigen. Bevor wir uns diese Fallen anschauen, beantworten Sie folgende Frage:

Wenn Sie sich in einem Raum voller Taranteln befänden, würden Sie das Licht eher ein- oder ausschalten?

Wenn Sie wie die meisten Leute sind, würden Sie „*Einschalten*!" sagen. Wer bezüglich der Zuhör-Fallen lernt, schaltet das Licht ein.

1. Die „Liebst Du mich?"- Falle

Viele verwenden mehr Zuhör-Energie auf Arbeitskollegen als auf nahe Stehende. Wenn wir jedoch gefragt werden, was wir am meisten schätzen – unsere Familie oder unsere Arbeit – sagen die meisten, die Familie.

Bill, ein gewerkschaftlich organisierter Karikaturist, der in Manhattan arbeitet, sagte uns, dass er keine Energie mehr hat, wenn er nach einem vollen Arbeitstag und zwei Stunden als Pendler nach Hause kommt. Er fühlt sich schuldig, weil er seiner Frau und den Kindern nicht zuhören will, wenn sie erzählen wollen, was sie den ganzen Tag über getan haben.

Nach einem typischen Arbeitstag haben wenige Arbeitende noch Energie für ihre Familien und Freunde übrig. Denken Sie an einen Arbeitstag in Ihrem Leben. Verbrauchen Sie Energie dazu, sorgfältig Gleichgestellten, Kunden und Vorgesetzten zuzuhören, nur um nach der Arbeit erschöpft nach Hause zu kommen und zu müde zu sein, Ihrer Frau, den Kindern oder der Geliebten geduldig zuzuhören? Sie sind nicht der Einzige! Glücklicherweise gibt es konkrete Strategien, um Zuhör-Energie zu speichern und wieder aufzutanken, die wir im Kapitel 5 erläutern werden.

2. Die „Es tut mir Leid!"- Falle

Weil Zuhören ein innerer Prozess ist, ist es schwierig zu wissen, ob Botschaften ankommen. Die meisten von uns glauben, dass die anderen unsere Botschaften verstehen, bis etwas schief geht. Wir haben vorher von der Tragödie des Zusammenstoßes zweier Flugzeuge in Los Angeles berichtet. Die Bundesermittler, die Flugzeugkatastrophen untersuchen, erkennen, dass Zuhör-Fehler und mechanische Defekte zwei der Schlüsselfaktoren bei Flugzeugunfällen sind. Sie stellen fest, dass zwar der Wartung der Flugzeuge viel Aufmerksamkeit zukommt, die großen Fluglinien aber ihre Ergebnisse verbessern könnten, wenn die Zuhör-Effizienz in der Pilotenausbildung verstärkt werden würde.

Sogar in unseren Alltagsaktivitäten werden wir Opfer schlimmer Zuhör-Fehler, die so lange unbemerkt bleiben, bis etwas geschehen ist. Denken Sie zurück. Können Sie sich an einen kürzlichen Zuhör-Fehler erinnern, der bei jemandem Ihnen nahe Stehenden Unbehagen, Verlegenheit, Schmerz oder finanziellen Verlust verursacht hat? Wenn dies der Fall ist, lässt dann der Satz „Tut mir Leid" bei Ihnen eine Glocke klingen?

3. Die „Sehen ist nicht Glauben"- Falle

Wir mussten alle beweisen, dass wir mehr als eine Sache auf einmal tun können, besonders wenn es um das Zuhören geht.

> Ralph, ein Teenager in North Dakota, nervt seine Mutter jedes Mal, wenn er am Computer spielt, während sie versucht, mit ihm ein ernstes Gespräch zu führen. Ralph versteht nicht, warum seine Mutter daraus so einen Zirkus macht. Er glaubt intelligent genug zu sein, um gleichzeitig am Computer zu spielen und zuhören zu können.

Ralph ist Teil der in den späten 70er- und frühen 80er-Jahren geborenen Generation Y. Die Generation Y neigt nach Meinung von Wissenschaftlern dazu, stolz darauf zu sein, mehrere Sachen gleichzeitig tun zu können. *Parallel handeln* ist der Fachausdruck, um die Fähigkeit zu beschreiben, zuzuhören und gleichzeitig etwas anderes zu tun, was nichts Neues ist, aber sich immer mehr ausbreitet, je mehr sich unser gesellschaftliches Leben beschleunigt.

Das Problem ist, dass wir keine Anerkennung erhalten, auch wenn wir wirklich zuhören können, während wir etwas anderes tun.[2] In den meisten Situationen wird der Zuhör-Erfolg nicht allein in Begriffen des Verständnisses gemessen, sondern darin, *wie verbunden* wir uns zueinander fühlen. Um ein guter Zuhörer zu sein, müssen wir zeigen, dass wir zuhören. Nur durch Aufmerksamkeit und Mitgehen können wir zuhören – und vermitteln, dass wir zuhören.

Schnellstart zur Verbesserung des Zuhörens

Weight Watchers[3] haben jahrelang nach Wegen gesucht, wie sie Teilnehmern helfen können, ihren Vorschlägen zum Abnehmen zu folgen. Vor kurzem haben sie ein „Schnellstartprogramm" entwickelt, bei dem die Teilnehmer sehr schnell fünf bis zehn Pfund verlieren können. Die Programmentwickler haben erkannt, dass der schnelle Verlust einiger Pfunde eine starke Motivation für Diätwillige ist, im Programm weiterzumachen.

In unseren Seminaren und Workshops haben wir dieses „Schnellstartkonzept“ in die persönlichen Zuhör-Verbesserungspläne für unsere Teilnehmer eingebaut.

Wenn Sie einen Schnellstart für Ihre Zuhör-Fähigkeiten wünschen, gibt es eine Technik, die Ihnen sofortige Belohnungen bietet. Die Technik wurde entwickelt, um das im „Sehen ist nicht Glauben“-Paradoxon bezeichnete Hindernis zu überwinden. Es bedeutet einfach, sich darauf zu konzentrieren, zu sehen und zu sondieren, wie Sie anderen zuhören. Diese Technik wird bei Gesprächen unter vier Augen, bei Versammlungen und sogar bei Vorträgen angewandt.

Wie ein guter Zuhörer aussieht

In einer unserer Lieblingsszenen in *Saturday Night Live* erscheint der mit Goldkettchen geschmückte und modisch gekleidete Möchtegern-Playboy mit dem Lieblingsspruch: „Du siehst fantastisch aus.“ Sein Credo lautet: „Es ist nicht wichtig, was Du machst, solange du gut aussiehst, wenn du es machst.“ Beim Zuhören gut auszusehen ist nicht alles, aber es ist sicher wichtig. Wie wir bei Ralph aus der Generation Y betont haben, kann es sein, dass Sie zuhören, aber dafür keine Anerkennung erhalten. Wenn die anderen nicht glauben, dass Sie zuhören, weil Sie am Computer spielen, Papiere unterschreiben, fernsehen oder einer attraktiven Passantin nachschauen, hören Sie für diese Leute nicht zu.

Betty, eine sowohl personen- als auch handlungsorientierte Aufsicht bei einer internationalen Bank nimmt sich beim Zuhören ihren Chef Wayne zum Vorbild. Er war der beste Zuhörer und Manager, den sie je gekannt hatte. An Bettys erstem Arbeitstag gab Wayne seine Grundregeln bekannt: „Betty, der Schlüssel unserer Arbeitsbeziehung ist gute Kommunikation. Ich schätze Sie und was Sie können. Wenn Sie in mein Büro kommen, haben Sie meine ungeteilte Aufmerksamkeit, wenn ich alles, was ich gerade mache, auf meinem Schreibtisch beiseite schiebe. Sie sollen auch wissen, dass ich aufgehört habe zuzuhören, wenn ich die Arbeit zurück in die Mitte meines Schreibtisches schiebe.“ Wenn jemand in seinem Büro war, schob er selten die Papiere in die Mitte seines Schreibtisches.

Selbst wenn Sie in der Lage sind, alles wörtlich zu wiederholen, was andere gesagt haben, werden Sie immer noch nicht als wirklich verstehende oder einfühlsame Person wahrgenommen, wenn Sie nicht so aussehen, als ob Sie zuhören würden. Wie die Redensart sagt, kümmern sich die Leute nicht darum, wie viel Sie wissen, bis sie nicht wissen, wie viel Sie sich kümmern.

Zeigen Sie anderen, dass Sie zuhören durch:

- Häufigen Blickkontakt
- Leichtes Nach-vorne-Beugen
- Häufiges Nicken
- Häufige nonverbale Rückmeldung

Sich wie ein guter Zuhörer anhören

Obgleich die meisten Beispiele zu diesem Punkt Gespräche unter vier Augen beschrieben haben, finden viele Unterhaltungen am Telefon statt. Wenn andere nicht sehen können, was Sie tun, wird es sogar schwieriger, die Stimme zu benutzen, um Interesse und Beteiligtsein anzuzeigen. Manchmal werden Sie Ihre typischen Reaktionen ändern oder übertreiben müssen, um andere wissen zu lassen, dass Sie zuhören. Bisweilen sind jedoch Übertreibungen nicht effektiv. In unserer Arbeit mit 911 Telefonvermittlern betonen wir, wie wichtig es für sie ist, effektives Zuhören durch die Ruhe und Kontrolle ihrer Stimme zu demonstrieren.

Es war fast Mitternacht, als Bettina einen Anruf von einem verzweifelten Mann bekam, der sagte: „Ich bekomme einen Insulin-Schock und ich kann meine Spritze nicht finden!“ Bettina bewahrte eine ruhige Stimme und begann, gezielt nach seinem Namen, seiner Adresse, der seit der letzten Spritze vergangenen Zeit, der Hauseinfahrt usw. zu fragen. Nachdem sie seinen Namen und andere wichtige Informationen hatte, bemühte sie sich, ruhig zu klingen und die Gesprächsverbindung mit Herrn Thompson aufrechtzuerhalten. Bettina erklärte ihm, dass der Notarzt unterwegs sei, betonte, dass sie bis zu seiner Ankunft in der Leitung bliebe und stellte Fragen, die Herrn Thompson zwangen, alle paar Sekunden zu antworten. Dabei dachte sie ständig an Klang, Volumen und Tonfall ihrer Stimme.

In den meisten Telefongesprächen wünschen sich die Leute hörbare Hinweise und Erinnerungen, dass ihnen eine andere Person zuhört.

Sie klingen wie ein effektiver Zuhörer, wenn Sie:

- häufig verbale Reaktionen gebrauchen, die anzeigen, dass Sie zuhören;
- Ihre Lautstärke leicht erhöhen;
- Stimmlage und Tonfall variieren;
- ein wenig schneller reden.

Unmittelbare Belohnungen

Die meisten von uns haben jeden Tag zahlreiche Gelegenheiten, um diese Vorschläge zu üben. Wenn wir anfangen, immer mehr so auszusehen und zu klingen, dass wir zuhören, werden wir wenigstens zwei verschiedene Belohnungen bekommen.

Die erste ist, dass unsere Freunde, Verwandten und Arbeitskollegen glauben werden, dass wir an sie denken und sie achten. Diese Handlung führt ihrerseits in der Regel zur Entwicklung engerer und qualitativ besserer Beziehungen.

Wir haben einen unserer zeitorientierten Klienten gebeten, uns mitzuteilen, welche Veränderungen er bei der Arbeit bemerkt hatte, nachdem wir ihn trainiert hatten, mehr direkten Blickkontakt zu halten und auf das, was andere gesagt hatten, in einer besonderen nachfassenden Art zu reagieren. Nachdem er verschiedene Erfolgsgeschichten erzählte, untersuchten wir dies auch bei seinem Familienleben. Mit Tränen in den Augen sagte er: „Ich habe meine Frau gefragt, ob sie irgendwelche Veränderungen bemerkt hat, seitdem ich mit Ihnen arbeite. Sie wandte sich mir zu und sagte: ‚Ich glaube, dass du mich jetzt mehr liebst als früher' …"

Die zweite Belohnung könnte Sie überraschen. Untersuchungen haben gezeigt, dass unsere Zuhör-Effektivität tatsächlich zunimmt, wenn wir bewusst versuchen, unseren Körper und unseren Geist auf eine positive Art des Zuhörens einzustellen. Das Konzept einer körperlichen und geistigen Bereitschaft ist der Schlüssel zu diesem Gewinn.[4] Wir sind konditioniert, auf bestimmte Art auszusehen und uns anzuhören, wenn wir unser Bestes tun, um zuzuhören. Wenn wir bewusst widerspiegeln, wie wir beim aufmerksamen Zuhören aussehen und klingen, erhöht sich gleichzeitig unsere Zuhör-Effektivität.

Durch die Gedankenstützen in diesem Buch schlagen wir mehrere zusätzliche Wege zur Überwindung von Zuhör-Hindernissen vor. Indem Sie sich aber als guter Zuhörer präsentieren und anhören, haben Sie einen Schnellstart zur Verbesserung Ihres Zuhörens.

Anmerkungen

1. K. W. Watson and L. L. Barker (1992): Listener assumptions: Guidelines for trainers. *Training & Development,* S.15-17.
2. K. W. Watson and L. L. Barker (1993): Eight dangerous assumptions speakers make about listeners. *The Toastmaster Magazine,* S.17-19.
3. Auch in Deutschland agierende Organisation, die ihren Mitgliedern mit gruppendynamischen Prozessen und Programmen hilft, unkontrolliertes Essverhalten abzulegen, das Gewicht zu reduzieren und dauerhaft konstant zu halten.
4. N. R. Carlson (1990): Psychology: *The Science of Behaviour* (3. Auflage). Boston: Allyn and Bacon.

5.
Zuhören ist kein Zuschauersport: Begrenzte Energiereserve und Zuhör-Erschöpfung

Jeder lügt heutzutage, aber es macht nichts, weil keiner zuhört.

Liebermans Gesetz

Shelly schlurft in unser Büro und fällt in einen Stuhl. „Ich kann es nicht mehr aushalten! Letzte Woche musste ich mir anhören, wie sich jeder beklagt hat, dass ein neues Computersystem installiert wird. Jetzt aber, diese Woche, erzählt jeder Horrorgeschichten, in denen es darum geht, wie langsam es ohne Computer ging. Ich habe satt und bin müde, diesen weinenden Kleinkindern zuzuhören!"

Wir können alle bis zur Ermüdung des Zuhörers erzählen. In unserer Arbeit mit Familien und Geschäftskunden haben wir herausgefunden, dass dauerndes Zuhören seinen Preis für Beziehungen hat. Wenn wir zu intensiv und zu lange zuhören, erleben wir Zuhör-Erschöpfung. Die meisten von uns werden sich des Bedürfnisses nicht bewusst, unseren Vorrat an Zuhör-Energie zu erneuern. Anstatt unsere Vorräte zu erneuern, gestatten wir es tatsächlich oft, dass wertvolle Zuhör-Energie dahinschwindet.

Als Theodore Sandys Büro betritt, beginnt sie unbewusst, ihre Aufmerksamkeit auf seine Probleme zu konzentrieren. Sie ist gerade aus einer langen Besprechung gekommen und hat nur noch wenig Zuhör-Energie. Bevor sie das erkennt, ist ihr Zuhör-Tank fast leer. Theodore spürt, dass Sandy allmählich frustriert wird, und weiß nicht, warum. Er hat das Gefähl, dass sie kein Interesse an seinen Sorgen hat, obwohl das eigentlich nicht der Fall ist. Also wird er sich ihr gegenüber nun weniger öffnen und sie versteht nicht, warum.

Unsere Fähigkeit, den täglichen Anforderungen mit genügend Zuhör-Energie nachzukommen, hängt davon ab, wie es uns gelingt, unsere Mittel im Tagesverlauf zu schonen. Wenn die Arbeitsanforderungen hoch sind, kann es sein, dass wir wenig oder keine Zuhör-Energie mehr für Angehörige und Freunde haben.

Erschöpfung beim Zuhören: Intensiver zuhören heißt nicht intelligenter zuhören

Die Erschöpfung des Zuhörers ist ein echtes Problem in der heutigen Arbeitswelt. Rosetta, eine unserer Seminarteilnehmerinnen, lieferte uns folgenden Bericht eines typischen Arbeitstags:

> Am Montag morgen hatte Rosetta, gut ausgeschlafen, einen vollen Tank Zuhör-Energie. Als der Tag begann, fing ihr Vorrat an Zuhör-Energie an, abzunehmen. Während der täglichen Pflichten und der angenehmen Interaktionen beim Frühstück mit Joshua, ihrem neunjährigen Sohn, wurde wenig Energie verbraucht. Dann kam es jedoch zu einem Streit mit dem Schulbusfahrer, und ihr Vorrat an Zuhör-Energie begann zu sinken. Sie kam mit ein paar Minuten Verspätung im Betrieb an, nachdem sie den Kampf um einen Parkplatz verloren hatte. Als sie ihr Büro betrat, klingelte das Telefon und die Mitarbeiter fingen an, ihre Zeit, ihr Wissen und ihre Zuhör-Energie zu beanspruchen.
>
> Gegen 10 Uhr hatte Rosetta ihrer Meinung nach etwa die Hälfte ihrer verfügbaren Zuhör-Energie verbraucht. Mittags schätzte sie, dass sie etwa 70 Prozent der Energie, mit der sie begonnen hatte, verbraucht hatte. Am Nachmittag redete ihr Chef mit ihr über ihren Konzentrationsmangel, über ihre Frustration und Ungeduld. Seine Bemerkungen veranlassten Rosetta, unser Zuhör-Seminar zu besuchen.

Diejenigen, die mit gestaffelten Zeitplänen oder in Nachtschichten arbeiten oder die sich selbst als „Nachtmenschen" beschreiben, haben vielleicht andere Muster als das bei Rosetta beschriebene. Wie auch immer, tragen unsere Zeitpläne, Interaktionen und der tägliche Druck dazu bei, die Reserven an Zuhör-Energie zu erschöpfen, was zu einer Erschöpfung beim Zuhören führen kann.

Zuhör-Energie maximieren

Ein wesentliches Instrument, das hilft, Zuhör-Erschöpfung zu vermeiden, ist der Prozess der Selbststeuerung. In diesem Zusammenhang handelt es sich um den Prozess des „sich selbst Zuhörens" und des „sich selbst Beobachtens". Eine Anwendung der Selbststeuerung beinhaltet die regelmäßige Beobachtung, wie viel Energie man zum Zuhören hat.

Der Prozess der Selbststeuerung beinhaltet drei Schritte:

1. Sich zu entscheiden, „aufzupassen", oder an das Verhalten zu denken, das Sie beobachten wollen.
2. Sich selbst dabei zu ertappen, dieses Verhalten anzuwenden oder zu zeigen.
3. Sich zu entscheiden, das beobachtete Verhalten zu ändern oder fortzusetzen.

Bei der Selbststeuerung besteht das Ziel darin, unauffällig zu sein. Sie wollen nicht, dass Ihre Beobachtungen Ihre Interaktionen stören. Diese Beobachtungen können Ihnen helfen, produktivere Entscheidungen im Zusammenhang mit dem Zuhören zu treffen.

Amy, eine Führungskraft in der Werbebranche, hatte einen strapaziösen Tag mit Telefonaten und Kundentreffen gehabt. Als sie ihre Müdigkeit bemerkte, entschloss sie sich, bei einem heißen Bad beruhigende Musik zu hören. Als sie das Auto ihrer Mutter sah, die gerade in ihre Einfahrt abbog, rutschte ihr das Herz herunter. Durch Selbststeuerung und -beobachtung erkannte Amy, dass sie im Augenblick nicht genug Energie hatte, um sich die Probleme ihrer Mutter anzuhören. Anstatt sofort nach Hause zu gehen, fuhr sie um den Block und hielt bei einem kleinen Café an. Dort bestellte sie sich einen Milchkaffee, bekam einen Energieschub und entspannte sich ein paar Minuten, bevor sie nach Hause fuhr.

Durch Selbststeuerung traf Amy eine bewusste Entscheidung darüber, wem, über was und wo sie zuhören wollte. Wenn wir keine bewussten Entscheidungen treffen, werden wir von aller Art Ablenkungen, Unterbrechungen oder Personen beeinflusst, die zufällig in unsere Zuhör-Welt eindringen.

Zuhör-Energiebehälter

Was ist Zuhör-Energie? Warum fällt es Jane leicht, am Morgen alle „Warum"-Fragen ihres Dreijährigen zu beantworten und ist dagegen bereit, sich die Haare auszuraufen, wenn ihr um 4 Uhr nachmittags dieselbe Frage gestellt wird? Warum antwortet Andrea in ihrem Jugendgericht am Wochenbeginn verständnisvoll auf Witzeleien und beißt am Ende ihres Arbeitstages am Freitag zurück? Warum überrascht sich Karen dabei, dass ihre Gedanken während Besprechungen des Exekutivkomitees an bestimmten Tagen umherschweifen und an anderen nicht? Es gibt Unterschiede, wann und wie wir zuhören können, die der Qualität der Energie entsprechen, die wir in Reserve haben.[1] Wir verbrauchen den ganzen Tag physische, emotionale und intellektuelle Energie. Gutes Zuhören verlangt alle drei Energiearten.

Ein gutes Beispiel bot sich an, als Monique Grippe hatte. Ihr Körper brauchte Erholung, um zu gesunden. Eigentlich war sie nun Patientin, aber unter günstigen Voraussetzungen, und da noch eine größere Projektaufgabe anstand, war Monique entschlossen, einen Bericht abzuschließen. Leider erforderten Fieber und Schüttelfrost zu viel Energie, um längere Zeit klar zu denken. Sie machte ein paar Anrufe und versuchte sich zu konzentrieren, aber dann vergaß sie, was sie gerade gehört hatte. Sie hatte nicht die für das Denken oder Zuhören erforderliche hochwertige Energie. Als ob das noch nicht frustrierend genug gewesen wäre, wurde auch ihre emotionale Energie verbraucht. Unter normalen Umständen geschätzte Anrufe mit Gute-Besserungs-Wünschen empfand sie als aufdringlich und unpassend. Es war für sie schwierig, sich darauf zu konzentrieren oder sich an das zu erinnern, was die anderen sagten, und sie fühlte sich frustriert, als sie sich selbst gereizt antworten hörte.

Es ist wichtig festzustellen, dass Monique, obwohl sie genug Energie zum Hören hatte, nicht über genügend Energie zum vollständigen Zuhören verfügte. Leider gibt es keine Möglichkeit, dass jemand anderer erkennt, wenn wir keine Zuhör-Energie mehr haben. Wenn wir sinnvolle Interaktionen sicherstellen wollen, ist es ist entscheidend, dass wir selbst unsere eigenen Zuhör-Energieniveaus überwachen, um unsere Zuhör-Fähigkeit einzuschätzen.

Wenn die emotionale oder intellektuelle Zuhör-Energie niedrig ist, ist es natürlich, dass Nervosität, Gereiztheit oder Feindseligkeit aufkommen. Denken Sie daran, wie schwierig das Zuhören ist, wenn Sie müde sind, und wie leicht dann sinnlose Argumente, Frustrationen oder Schmollphasen auftreten. Gerade vor dem Ins-Bett-gehen ist die meiste Energie für Problemlösen, klares Denken und sich Erinnern verschwunden. Das ist ein Grund, warum Forschungsberichte vorschlagen, dass sich auch glücklich verheiratete Paare darauf einigen, sensible Themen vor dem Ins-Bett-gehen, wenn ihre Energie niedrig ist, zu vermeiden[2] (manche sagen nach 22.00 Uhr).

Ihr Zuhör-Reservetank

Die ersten in den 40er-Jahren hergestellten Volkswagen-Käfer hatten als Sonderausstattung einen Reservetank, falls der Haupttank leer wurde. Diese Reservetanks haben viele Autofahrer davor bewahrt, wenn sie kein Benzin mehr hatten, nachts auf leeren Straßen umherzulaufen. Ähnlich hat unser Energietank eine Reserve, der in Notsituationen angezapft

Das Praktizieren bloßen Bewusstseins ohne Kontrolle der Aufmerksamkeit ist unmöglich. Aufmerksamkeit verhält sich zum Bewusstsein wie das Öl in der Lampe zur Flamme. Solange sich in der Lampe Öl befindet, brennt die Flamme. Wenn kein Öl mehr vorhanden ist, erlischt die Flamme. Die Kontrolle der Aufmerksamkeit ist die einzige Aufgabe, die der Mensch besitzt, von der man sagen kann, dass sie ihm ein bestimmtes Ausmaß freien Willens verleiht. Er kann seine Aufmerksamkeit lenken. Aber seine Macht dazu beruht auf der Verarbeitung einer bestimmten Art von Energie, deren Vorrat begrenzt ist. Jeden Tag hat man beim Aufwachen gerade so viel von dieser Energie, wie das elektrische Potenzial einer aufgeladenen Batterie beträgt. Seine tägliche Arbeit hängt von der Bewahrung dieser Energie ab. Wenn sie einmal vergeudet wurde, ist sie kaum zu ersetzen.

R.S. DeRopp, The Master Game

werden kann. Der Reservetank schaltet sich ein, wenn eine plötzliche Krise unsere Aufmerksamkeit erfordert oder wenn eine Zuhör-Motivation besteht, obwohl wir im Haupttank keine Energie mehr haben. Leider garantiert jedoch die Reserveenergie nicht, dass wir besser zuhören können – nur dass wir willig sind, aufzupassen.

> Eric erzählte uns, dass seine Frau verärgert war, als er ihr während des Abendessens nur mit halben Ohr zuhörte. Seine Frau Joan hatte mit ihrer Mutter geredet und berichtete von einigen der wichtigsten Gesprächsthemen. Während der Unterhaltung klingelte das Telefon. Eric ging hin und begann, mit einem seiner Anglerfreunde zu sprechen und ihm intensiv zuzuhören. Das Gespräch drehte sich um einen erfolgreichen Ausflug, bei dem Eric nicht dabei gewesen war. Joan fühlte sich verletzt, dass Eric seinem Freund zuhören wollte, aber nicht ihr.

Das Geschehene ist vom Blickpunkt des Zuhörens völlig verständlich, obwohl die Erklärung Joan möglicherweise nicht gefällt. Am Tisch, beim Abendessen, hatte Eric sehr wenig

Energie zu geben. Aber als ihn ein Thema sehr interessierte, wollte er den Reservetank einschalten und verbrauchte seine zusätzliche Energie, um zuzuhören. (Im Wesentlichen wurde Adrenalin in den Blutkreis ausgeschüttet). Die meisten von uns können sich an ähnliche Begebenheiten erinnern, als sie aufgrund großen Interesses oder in einer kritischen Situation Energie zum Zuhören verbrauchen wollten. Obwohl wir fast erschöpft waren oder keine primäre Zuhör-Energie mehr hatten, brachten wir die so genannten „zweite Luft" auf.

Abzapfen von Zuhör-Energie

Während der Energiekrise in den 70er-Jahren lernten die Amerikaner, dass Ölsparen genauso wichtig wie das Finden neuer Ölquellen ist. Das Prinzip gilt auch für die Lösung von Zuhör-Energiekrisen. Der schlimmste Abfluss der Zuhör-Energie kommt von den so genannten Energieabzapfern. Einige der häufigsten Abzapfer von Zuhör-Energie sind interne Abzapfer wie Sorge, Unruhe oder physische Müdigkeit. Andere Abzapfer kommen von außen und beinhalten Konfliktsituationen, Stadtlärm oder Zeitdruck. Menschen können die größten Energieabzapfer sein. Ähnlich wie es einen „Intelligenzabfluss" gibt, werden in einem Gespräch oder in einer Verhandlung mit herrischen oder egoistischen Leuten Menschen abgezapft. Abzapfen kann, besonders in Berufen mit häufigem Kontakt zu Menschen, den ganzen Tag über erfolgen.

> Cherise beeilte sich, pünktlich um 16.00 Uhr zur Elternsprechstunde zu kommen. Ihr sechsjähriger Sohn Charlie hatte einige Leseprobleme und die Lehrerin hatte Cherise gebeten, am Mittwoch nach der Schule zu ihr zu kommen. Der Verkehr war schlimm und es gab auf der 10th Avenue einen Stau, sodass sie einige Umwege fahren musste, um die Schule zu erreichen. Als sie ankam, verließen gerade die Kinder laut und lebhaft die Klassenzimmer. Die Schulglocke klingelte so laut, dass Cherisse die Ohren schmerzten. Zur Krönung sah sie, als sie ins Klassenzimmer kam, weitere sechs Mütter anste-

hen, um mit der Lehrerin zu sprechen. Sie wusste, dass sie, wenn sie die Besprechung bis 17.00 Uhr nicht beenden konnte, zu spät kam, um ihre Tochter Kelli, einen Teenager, vom Softballtraining im Gemeindezentrum abzuholen. Als sie schließlich hereingerufen wurde, war es 16.55 Uhr. Miss Delvaney beschuldigte Cherise sogleich, Charlie bei den Hausaufgaben nicht zu helfen. Unnötig zu sagen, dass die Besprechung schief ging.

Cherises Zuhör-Energie war vor der Besprechung vollkommen abgezapft worden. (Wahrscheinlich hat Miss Delvaney als Grundschullehrerin und mit mehreren Terminen vor ihrem Treffen mit Cherise auch ein paar Menschen erlebt, die von ihr Energie abgezapft hatten.)

Energieabzapfer müssen uns nicht unbedingt negativ beeinflussen. Aber wir gestatten es ihnen oft. Die Lösung besteht darin, ein Auge (eigentlich ein Ohr) für die Abzapfer offen zu halten und ihnen nach Möglichkeit zuvorzukommen. Um es zu wiederholen: Der Prozess der Selbststeuerung ist entscheidend. Wenn Sie sich der Bedeutung der Energie im effektiven Zuhören bewusster werden, können Sie Schritte unternehmen, um Energie zu sparen, verlorene Energie zurückzugewinnen und neue Energie aufzubauen, wenn Sie sie brauchen. Denken Sie daran, dass personen- und inhaltsorientierte Zuhörer meistens bereit sind, mehr Zuhör-Energie zu geben als handlungs- oder zeitorientierte Zuhörer. Sie haben nicht unbedingt mehr Energie, aber sie sind willens, ihren Zuhör-Tank häufiger anzuzapfen.

Sechs Wege zum Wiederauftanken von Zuhör-Energie

Wie können Sie effektiver genügend Energie bekommen und behalten, um zuzuhören – und gehört zu werden – sogar angesichts unerbittlicher Energieabzapfer. Dazu gibt es sechs Strategien.

1. **Einen Plan haben.** Gespräche im Voraus zu planen hilft beim Sparen von Zuhör-Energie. Greg, einer unserer Work-

shopteilnehmer, nahm sich diesen Ratschlag mit positivem Ergebnis zu Herzen. In seinem florierenden Geschäft, in dem er hauptsächlich sprechen musste, verbrachte er 80 Prozent seiner Zeit mit Marketing und Buchungsterminen. In der Regel plante er informelle Treffen und Verabredungen mit zugänglichen Leuten für das erste und letzte Drittel seines Telefontages ein. Wichtige, kritische, herausfordernde oder stressige Leute oder Termine wurden gewöhnlich, soweit möglich, für das mittlere Tagesdrittel eingeplant, wenn er am meisten Energie hatte. Obwohl er früh morgens viel Energie hatte, hatte Greg entdeckt, dass seine potenziellen Kunden am Tagesbeginn ihre innere Unruhe und ihre Ablenkungen noch nicht ausgeräumt hatten. Er fand heraus, dass ihre Konzentration für geschäftliche Anrufe am späten Morgen und am frühen Nachmittag am besten war.

Wenn Sie Treffen mit Freunden oder Geschäftskollegen planen, sollten Sie an die erforderliche Zuhör-Energie denken. Legen Sie relativ leicht handhabbare, aber wichtige Themen auf eine frühe Tageszeit, kritische und sehr wichtige Themen auf die Mitte und weniger wichtige, unstrittige Themen auf den letzten Teils des Tages. Unsere Zuhör-Energie ebbt während der Treffen ab und flutet wieder an. Gute Zuhörer denken an die Zuhör-Energieregel der Drittel. Während des ersten Drittel eines Treffens ist Ihr Energieniveau am höchsten, doch könnten Sie irgendwie von Ereignissen oder Gesprächen unmittelbar vor der Besprechung abgelenkt werden. Während des zweiten Drittels des Treffens wird Ihre Zuhör-Energie immer noch hoch sein und es dürfte Ihnen leicht fallen, sich auf wichtige Themen und Anliegen zu konzentrieren. Während des letzten Drittels der Besprechung wird Ihre Energiereserve niedriger sein und Sie werden möglicherweise abgelenkt sein, wenn Sie daran denken, was Sie sofort nach dem Ende des Besprechung tun müssen. Die Feststellung Ihres typischen Verbrauchs an Zuhör-Energie während der Besprechung kann Ihnen helfen, schrittweise voranzukommen, so dass Sie am Ende des Treffens noch Energie haben, um wichtige Entscheidungen zu treffen und Beiträge zu leisten. Ein solcher Plan für das Zuhören lässt sich auf persönliche und vertrauliche Unterhaltungen mit Freunden, Ehegatten oder Kindern anwenden.

Als er merkte, dass die Zuhör-Energie seiner Frau niedrig war, machte sich Sam im Kopf eine Notiz, bei der Unterhaltung leichte Themen anzusprechen. Er stellte Fragen nach dem Fortgang der Arbeit, was die Kinder machten und was sie am Wochenende zu tun beabsichtigte. Er schob es auf, seinen Wunsch zu erwähnen, noch in eine andere Bowling Liga einzutreten. Er wusste, dass der Zeitpunkt ungünstig war, empfindliche, strittige oder stressige Themen anzusprechen. Obwohl er das Thema ansprechen würde, schob er es aus strategischen Gründen hinaus, bis sie mehr Energie hatte. Er möchte sichergehen, dass sie beide die erforderliche Energie zum Zuhören und Reden haben.

2. **Beobachten Sie Energieabzapfer.** Wie oben erwähnt, zapfen lästige Personen und Ereignisse Zuhör-Energie ab. Die beste Art, Energie zu sparen, besteht darin, herauszufinden, welche Abzapfer am meisten Energie abziehen. Die folgende Liste zeigt Ihnen einen Weg, um festzustellen, wo Sie wertvolle Zuhör-Energie verlieren.

Liste von Energieabzapfern

In jeder Kategorie können Sie möglicherweise Ihre eigenen, zusätzlichen Energieabzapfer hinzufügen. Dies gilt besonders bei persönlichen Energieabzapfern.

Interne Energieabzapfer

_____ Sorgen und Unruhe
_____ Emotionale Identifikation mit einem Thema, einem Gesichtspunkt oder einer Position
_____ Abwehrverhalten
_____ Hunger / Durst
_____ Tageszeit (Morgen-, Nachmittag- oder Nachtmensch)
_____ Krankheit oder physische Müdigkeit

Externe Energieabzapfer

_____ Konfliktsituationen
_____ Visuelle oder auditive Störelemente
_____ Überlastete Rezeptoren
_____ Zwischenmenschliche Spannungen
_____ In begrenzter Zeit mehrere Aufgaben erfüllen müssen
_____ Versuch, alles in einem Gespräch anzusprechen (Notizen machen)

Menschliche Energieabzapfer

_____ Durch den verbalen Stil oder durch das Aussehen einer Person abgelenkt werden
_____ Auf emotional belastete Worte in einem Gespräch reagieren
_____ Mit anmaßenden oder eigensinnigen Mitarbeitern zu tun zu haben
_____ Mit Menschen zu tun zu haben, die Ihre Zeit nicht schätzen

Persönliche Energieabzapfer
(Fügen Sie Ihre eigenen hinzu.)

____

____

Der beste Weg, den Einfluss von Energieabzapfern zu vermindern oder auszuschließen, besteht darin, spezifische Ziele zu setzen (am besten schriftlich), um solche Energieabflüsse zu vermeiden oder zu reduzieren. Wenn Sie die Liste in Ihrem Terminkalender oder auf Ihrem Schreibtisch aufbewahren, werden Sie daran erinnert, auf die negativen Wirkungen zu achten.

Jedes Mal, wenn ein Energieabzapfer anwesend ist, können Sie Schritte unternehmen, ihm zuvorzukommen oder die negativen Resultate zu reduzieren. Mit Menschen, die zum Aufsaugen Ihrer Energie neigen, können Sie Interaktionen planen, wenn Ihre Energie hoch ist. Sie können sogar Wege finden, mit solchen Leuten die Zahl der Interaktionen unter vier Augen zu reduzieren und gegebenenfalls schriftliche Mitteilungen oder E-Mails zu benutzen.

3. **Lernen Sie Ihre innere Uhr kennen.** Das in diesem Kapitel vorher erwähnte Beispiel über Rosettas Arbeitstag legt nahe, dass es sich bei ihr grundsätzlich um einen „Tagesmenschen" handelt.

   Vali zieht es dagegen vor, ihren Tag gegen Mittag zu beginnen und bis spät abends zu arbeiten. An den Tagen, an denen Sie mit ihrer Band morgens proben muss, kann sie einige hohe Töne nicht erreichen und ihre Stimme spiegelt nicht die Kraft und die Emotionen wider, die sie hat, wenn sie erholt ist. Ihre Energie zum Singen (und zum Zuhören) neigt dazu, im Laufe des Tages zuzunehmen. Vali ist ein klassischer „Nachtmensch".

   Wenn Sie sich Ihres typischen täglichen Energieverlaufs bewusst sind, können Sie planen, wann (und wann nicht) Sie sich auf wichtigen Zuhör-Interaktionen und -ereignisse einlassen. Wenn Sie nicht sicher sind, ob Sie eher ein Tages- oder ein Nachtmensch sind, tragen Sie Ihre Energieniveaus zu verschiedenen Tageszeiten drei Tage hintereinander in eine Tabelle ein.[3] Natürlich variieren wir alle im Energieniveau von Zeit zu Zeit; doch versuchen wir, Ihren *typischen* körperlichen Energieverlauf festzuhalten. Sobald Sie glauben, den Energieverlauf Ihres Körpers zu kennen, können Sie Zuhör-Ereignisse besser planen, damit sie mit Ihren höchsten Energieniveaus zusammenfallen.

4. **Ein Alarmsignal setzen.** Wecker erinnern uns daran, unseren Energievorrat zu überprüfen. Wenn wir auch den Wecker in erster Linie als Analogie auffassen, kann uns das stündliche Piepen einiger Armband- oder Wanduhren helfen, uns in dem Augenblick an die Steuerung unsere Zuhör-Energiereserve zu erinnern. Das Setzen von Alarmsignalen geht über den Gebrauch eines echten Weckers hinaus. Gedächtnisstützen wie Notizen in Ihren Tischschubladen oder ein Fragezeichen im Kalender, auf dem Spiegel oder

anderswo, wo Sie oft hinschauen, können als Erinnerungssignale zur Überprüfung Ihrer Reserve dienen.

Xavier, Projektmanager bei einer Baugesellschaft, hat für seinen Bürocomputer einen Bildschirmschoner mit einer Serie vielfarbiger kreisender und drehender Ohren entwickelt. Wenn er auf den Bildschirm schaute, erinnerte er ihn daran, im entsprechenden Augenblick seine Zuhör-Energie zu überprüfen. Wenn er erkannte, dass er müde wurde, machte er eine Pause und lief über den Hof zu einem Café auf der anderen Seite des Gebäudes, um seinen Energiereserve wieder aufzufüllen.

5. **Stoppen Sie die „Show".** Das alte im Showgeschäft geltende Sprichwort „Die Show muss weitergehen" („The show must go on") passt für die meisten Zuhör-Situationen nicht. Wie in Kapitel 1 besprochen, können Zuhörer in der Regel die meisten Kommunikationsergebnisse kontrollieren. Als Zuhörer haben Sie mindestens vier Möglichkeiten, „die ‚Show' zu stoppen."

   - **Bitten Sie um eine Zuhör-Pause.** Seien Sie direkt oder erfinden Sie einen Grund, um für kurze Zeit der Zuhörer-Rolle zu entkommen. Vernünftige Bitten wie ein Gang zur Toilette, etwas zu trinken oder einen wichtigen Anruf zu tätigen, können von den meisten Menschen kaum abgelehnt werden.
     Mel erkannte, dass ihr Mann Mike von ihr erwartete, mit ihr vor dem Abendessen einige finanzielle Angelegenheiten zu besprechen. Sie überlegte, wie hoch ihr Energievorrat noch war und erkannte, dass es wahrscheinlich zu unangenehmen Meinungsverschiedenheiten und Frustrationen führen würde, wenn sie jetzt mit der Diskussion begännen. Sie fragte Mike, ob es nicht möglich wäre, für die Besprechung der finanziellen Probleme bis nach dem Abendessen zu warten, weil sie dann konzentrierter sei. Mark stimmte irgendwie zögernd zu, das Gespräch aufzuschieben. Als ihr Abendessen vorüber war, befanden sich beide in einer fröhlicheren und entspannteren Stimmung und die Diskussion verlief gut.

- **Verlangen Sie eine Unterbrechung.** Egal wie einfach dieser Vorschlag klingt, sprechen die meisten von uns unsere Freunde oder die, die wir lieben, nicht direkt an, um uns zu helfen, unsere Zuhör-Energie zu erneuern. Wenn Frank, Leiter eines Krankenhauses, nach Hause kommt, geht er gewöhnlich in sein Zimmer und wechselt die Kleidung. Seine Familie war damit einverstanden, ihn so lange nicht mit Fragen oder Neuigkeiten zu „bombardieren", bis er das Zimmer in Freizeitkleidung verließ.

Wenn Sie, wie Frank, merken, dass Sie nach einem schweren Tag etwas Zeit zur Entspannung brauchen, um Ihren Energievorrat wieder aufzufüllen, lassen Sie die anderen das wissen. Vielleicht müssen Sie ab und zu Ihre Familie und Ihre Freunde an Ihre Bedürfnisse erinnern, aber es ist zu erwarten, dass sie ihr Bestes tun werden, um Ihnen zu helfen – wenn Sie willens sind, Sie um Hilfe und Unterstützung zu bitten.

- **Vertagen Sie eine Unterhaltung oder Besprechung frühzeitig.** Das würde vielleicht bedeuten, einige Diskussionsthemen aufzuschieben. Eine andere Möglichkeit ist, die Gruppe darum zu bitten, relativ unwichtige Themen von der Tagesordnung zu streichen.

  Frederika ist Leiterin einer kleinen Gruppe. Ihre Besprechung zur Auswahl des nächsten Musicals dauerte schon über zwei Stunden und es standen immer noch mehrere zu behandelnde Themen auf der Tagesordnung. Trotz der Frustration, weil sie nicht fertig wurden, überzeugte Frederika die Gruppe, das Treffen zu vertagen und für Sonntagnachmittag eine neue „Steh-Besprechung" anzusetzen. Dabei sitzt keiner und der hilft der Gruppe, die Tagesordnung schneller zu absolvieren. Die Besprechung am Sonntagnachmittag dauerte nur dreißig Minuten und alle Probleme wurden zur Zufriedenheit der Gruppe gelöst.

Das Ziel ist, die Interaktion zu stoppen, bevor die Niveaus der Zuhör-Energie zu sehr absinken. Manchmal können Sie die Energieniveaus der anderen eher sinken sehen, als Ihr eigenes. Es ist eine gute Idee, die Vertagung des Treffens oder der Interaktion früh zum Wohle aller Teilnehmer vorzuschlagen.

- **Geben Sie offen zu, dass Sie müde sind.** Gegebenenfalls bitten Sie die anderen, Sie zu ertragen und so schnell wie möglich zum „Ende“ zu kommen.

  Mildred erkannte, dass sie bei ihrer Unterhaltung abschweifte. Ron sprach begeistert über seinen bevorstehenden Skiausflug nach Aspen. Mildred hörte zwar gewöhnlich gerne von Rons Plänen, doch hatte sie einen hektischen Arbeitstag hinter sich und litt jetzt an leichten Kopfschmerzen. „Ich will wirklich etwas über die Reise hören“, seufzte Mildred. „Aber ich bin jetzt zu erschöpft, um alle Details zu genießen. Wie wäre es, wenn wir uns morgen zum Mittagessen treffen und ich mehr Energie zum Zuhören habe?“ Ron schätzte Mildreds direkte Art und akzeptierte bereitwillig die Verabredung zum Mittagessen.

Wenn Ihre Bitte in einer aufrichtigen, nichtfeindlichen Art erfolgt, bestehen Chancen, dass die Leute verstehen und vielleicht auch mit Ihnen mitfühlen. Wenn die andere Person feindselig reagiert oder es ablehnt, darauf einzugehen, sind Sie vielleicht gezwungen, Ihren Zuhör-Reservertank zu benutzen. Nach unserer Erfahrung versuchen die Leute, sobald sie begriffen haben, dass Sie nicht die entsprechende Energie zum Zuhören haben, Ihrer Bitte nachzukommen, die Verabredung oder die Interaktion möglichst schnell zu beenden.

6. **Energie neu aufbauen.** Diese Methode beinhaltet, wirksame und rationelle Wege zu finden, Energie zu schöpfen oder die während des Tages verbrauchte Energie wieder aufzufüllen. Viele dieser Techniken sind für den generellen Umgang mit Stress genauso nützlich wie für das Schöpfen von Zuhör-Energie.

Wechseln Sie die Umgebung

- Machen Sie eine Pause.
- Variieren Sie Ihre Routine.

- Gehen Sie aus dem Haus.
- Wechseln Sie das Zimmer.

Reduzieren Sie die Stimuli im Büro/ zu Hause/ im Auto

- Gehen Sie alleine essen.
- Schließen Sie die Augen.
- Fahren Sie Auto ohne Radiomusik.
- Dämpfen Sie das Licht.

Schaffen Sie sich einen neuen Denkrahmen

- Hören Sie entspannende Musik.
- Stellen Sie sich ein heiteres Bild vor.
- Machen Sie ein Nickerchen.
- Lesen Sie zu Ihrem Vergnügen.
- Schreiben Sie ein paar Zeilen oder einen Brief.
- Berühren Sie jemanden oder lassen Sie sich von jemandem berühren.
- Finden Sie jemanden, der ihnen zuhören will.

Betätigen Sie sich körperlich

- Gehen Sie spazieren.
- Planen Sie während der Besprechungen Pausen zum Ausstrecken oder Aufstehen ein.
- Machen Sie Gymnastik oder Muskeltraining.

Jeder dieser Vorschläge für sich oder in Kombination kann helfen, wertvolle Energie zu regenerieren und Zuhör-Erschöpfung zu reduzieren. Wir müssen uns nur die Zeit dafür nehmen.

Anmerkungen

1. R. D. Haley (1997): *And Then I was Surprised by What You Said.* Columbia, MO: KAIA Publishing, S. 19.
2. M. A. Fizpatrick and F. S. Wamboldt (1990): When it is all said and done? Toward an integration of intrapersonal and interpersonal models of marital and family communication. In: *Communication Research,* 17, S.421-430.
3. B. Gittelson (1976): *Biorhythm. A Personal Science.* New York: Warner Books.

6. Mir geht es gut, aber ich bin mir nicht sicher, ob es dir gut geht: Wie schlechtes Zuhören Beziehungen beeinträchtigt

Zuhören ist eine Haltung des Herzens, ein aufrichtiger Wunsch, mit jemandem zusammen zu sein, der sowohl anlockt als auch heilt.

J. Isham

Die zeitorientierte Maud ging die Hotelhalle auf und ab und schaute alle paar Minuten zur Tür, wo sie die Ankunft ihrer Verabredung erwartete. Sie fühlte sich verlegen, als sie der Maître d'Hotel zum dritten Mal fragte: „Wollen Sie sich nicht setzen?" Schließlich wählte sie Dereks Handynummer. Er antwortete: „Wo bist du?" Eingeschnappt entgegnete sie: „Ich bin bei Mike's, in der Straße, wo Du mich hinbestellt hast." Er erwiderte: „Nun, ich bin bei Mike Anderson's, wo wir uns verabredet haben!" Nachdem sie sich entschuldigten, hängten sie auf, wobei jeder dem anderen vorwarf, nicht zugehört zu haben.

Wie wir in Kapitel 2 erwähnten, erfolgt Zuhören gewöhnlich unbemerkt, solange nicht irgendetwas falsch läuft. Nur wenn wir ein wichtiges Treffen verpasst oder einen Rückruf vergessen haben, fangen wir an darüber nachzudenken, ob wir gut zugehört haben. Wenn uns Freunde, Partner oder Kollegen schlechtes Zuhören vorwerfen, gehen wir normalerweise in die Defensive oder finden Entschuldigungen. Tatsächlich können die meisten von uns leicht aufzählen, was für unsere Zuhör-Bemühungen spricht. Sicher haben Sie auch schon einmal so etwas Ähnliches gedacht oder gesagt, wie:

„Ich habe Sie nicht gehört, weil das Telefon geläutet hat."
„Ich habe gedacht, dass ich verstanden habe, was Sie gesagt haben, aber ich glaube, dass die Leute im Büro zu laut waren."
„Wie kann jemand einem so langweiligen Redner zuhören?"
„Als sie mit diesem monotonen und langsamen Tempo begann, schweiften meine Gedanken ab."

Wenn es auch Gründe für das Nicht-Zuhören, Barrieren guten Zuhörens und unterschiedliche Zuhör-Präferenzen gibt, halten uns Entschuldigungen davon ab, sie zu überwinden. Sogar wenn wir eine gute Entschuldigung für unsere Zuhör-Fehler haben, leidet die Beziehung, wenn wir vergessen, was andere sagen oder uns so verhalten, als ob das, was sie sagen unwichtig wäre. Kommen Ihnen die folgenden Bemerkungen vertraut vor?

„Ich habe es Ihnen letzte Woche erzählt."
„Ich habe es vergessen."
„Ich habe dich gebeten, für das Baby Vollmilch zu besorgen, nicht Magermilch."
„Wenn du das erste Mal zugehört hättest, hätte ich mich nicht wiederholen müssen."

Irritierende Zuhör-Gewohnheiten

Abonnentinnen des „Ladies Home Journal" wurden gefragt: „Wenn Sie eine Sache bei Ihrem Ehemann verbessern könnten, was wäre es?" Von allen vorgegebenen Möglichkeiten war die Nummer eins, die Frauen ändern wollten, dass ihre Männer besser zuhörten. 57 Prozent wünschten sich, dass ihre Männer bessere Zuhörer würden, im Vergleich zu 46 Prozent, die einen Ehemann wollten, der sich mehr an der Hausarbeit beteiligte und 40 Prozent, die sich einen Mann wünschten, der mehr Geld verdiente.[1]

In unseren Workshops erzählen sich die Teilnehmer oft, warum ihre Ehe oder Beziehung gescheitert ist. Die meisten sagen, dass sie nicht verstanden oder gehört werden oder keine Wertschätzung erfahren haben. In zerbröckelnden

Beziehungen und im Laufe der Zeit entwickeln Partner irritierende Zuhör-Gewohnheiten und hören auf, einander zuzuhören.

Clay und Elaine hatten vor kurzem begonnen, einen Eheberater aufzusuchen. In einer Sitzung fragte der Berater Elaine, was sie von Clay als Ehemann erwartete. Als Elaine antwortete, schnitt Clay eine Grimasse und begann, den Kopf zu schütteln. Der Berater unterbrach Elaine und fragte Clay, was er gerade dachte. Clay sagte: „Ich weiß genau, was sie gerade sagen will. Sie sagt immer dasselbe, sie erwartet von mir, dass ich sie frage, wie der Tag war, dass ich damit aufhöre, so viel fernzusehen, dass ich den Computer abschalte, bla, bla, bla." Da begann Elaine, den Kopf zu schütteln und sagte: „Er macht das immer mit mir. Er glaubt, dass er weiß, was ich sagen will, bevor ich es sage – manchmal hat er Recht, aber meist kommt es mir vor, als ob er mich nicht kennen würde. Warum kann er mich nicht ausreden lassen?"

Die Sätze eines anderen zu beenden oder Gespräche zu unterbrechen führt zu Frustrationen und wird oft mit handlungs- oder zeitorientierten Zuhörern in Verbindung gebracht. Wenn wir zu wissen glauben, was ein Freund sagen will, kann es sein, dass wir dazwischenreden, ohne es ihm zu gestatten, seinen Gedankengang zu beenden, sodass wir wertvolle Informationen verpassen. Bei anhaltender Konditionierung und Verstärkung können solche verärgernden Verhaltensweisen Beziehungen ernsthaft beeinträchtigen.

Als Forscher haben wir uns dafür interessiert, welche schlechten Zuhör-Gewohnheiten für Beziehungen am schädlichsten sind. Indem wir Angaben von Seminarteilnehmern, Studenten, Kunden und Kollegen gesammelt haben, haben wir eine Listen irritierender Zuhör-Gewohnheiten zusammengestellt. Hier sind die Topten:

Die Topten der irritierenden Zuhör-Gewohnheiten

1. Den Sprecher unterbrechen.
2. Den Sprecher nicht anschauen.
3. Den Sprecher drängen und ihm den Eindruck vermitteln, dass er die Zeit des Zuhörers verschwendet.
4. Interesse an etwas anderem als am Gespräch zeigen.
5. Dem Sprecher vorgreifen und seinen Gedanken beenden.
6. Auf die Fragen des Sprechers nicht antworten.
7. „Ja aber …“ sagen, als ob sich der Zuhörer schon seine Meinung gebildet hat.
8. Die Geschichte des Sprechers mit: „Das erinnert mich an …“ oder: „Das ist nichts; ich kann Ihnen was über … erzählen“ übertrumpfen.
9. Vergessen, über was gerade vorhin gesprochen wurde.
10. Zu viele Fragen über Einzelheiten stellen.

Gibt es weitere ärgerliche Gewohnheiten, die Sie hinzufügen würden? Machen Sie sich einer dieser Gewohnheiten schuldig? Wenn wir uns selbst gegenüber ehrlich sind, würden die meisten von uns zugeben müssen, dass wir doch die eine oder andere dieser verärgernden Zuhör-Gewohnheiten schon praktiziert haben.

Nahe Stehende verletzen

In Kapitel 4 haben wir hervorgehoben, dass wir häufig unsere schlechtesten Zuhör-Gewohnheiten denen gegenüber an den Tag legen, die uns am nächsten stehen. Einige schlechte Zuhör-Gewohnheiten sind offensichtlich, andere, obwohl ebenso verletzend, dagegen nicht.

Stella und ihre Schwägerin Renee trafen sich beim Training, nachdem sie sich sechs Monate lang nicht gesehen hatten. Renee fragt Stella, wie ihrer Tochter ihr Teilzeitjob bei McDonalds gefällt. Renee, eine betont Extrovertierte, unterbrach Stella zwei Mal, als diese ihr vom Schulungsprogramm ihrer Tochter erzählte. Als

Stella Luft holte, nachdem sie gesagt hatte: „Sie ist ganz schön müde jetzt, weil ...“, unterbrach sie Renee sofort und sagte: „Früh aufzustehen fällt ihr schwer und sie liebt wirklich ihren Schlaf.“ Stella entgegnete frustriert: „Nein, das war es nicht, was ich sagen wollte. Wenn du mich zu Ende hättest reden lassen ...“ Renee wirkte nach Stellas Ausbruch verblüfft und verletzt.

Schließlich hörte Stella auf, Renee mitzuteilen, was sich im Leben ihrer Tochter ereignete. Anstatt neu zu beginnen oder ihre Schwägerin zu korrigieren, rückte sie von ihr ab.

Wenn jemand unterbricht, werden wir frustriert und verlieren den Wunsch, zu kommunizieren. Äußerungen, die während unseres Redeflusses gemacht werden, führen dazu, dass wir den Gedankengang verlieren. Während die oben skizzierten irritierenden Zuhör-Gewohnheiten für andere Leute sichtbar sind, bleiben einige der schädlichsten schlechten Zuhör-Gewohnheiten den Ohren verborgen.

Die Klänge der Stille

Nehmen Sie sich ein paar Minuten für diese Übung:

1. Stellen Sie den Wecker Ihrer Armbanduhr oder der Mikrowelle auf 30 Sekunden ein.
2. Schließen Sie in diesen 30 Sekunden die Augen und lauschen Sie auf alle Geräusche in Ihrer Umgebung.
3. Nach 30 Sekunden schreiben Sie jedes Geräusch, das Sie gehört haben, auf ein Blatt Papier.

Willkommen zurück. Es sollte Ihnen möglich gewesen sein, wenigstens fünf verschiedene Geräusche aufzuschreiben. Auf Ihrer Liste könnten stehen: Klimaanlage oder Heizungsgebläse, Straßenverkehr, ein Flugzeug, Rascheln von Papier oder Kleidung, Schritte auf dem Korridor, Türenschlagen, Aufzugklingel, Ihr eigener Atem, Telefongeklingel, Drucker- und Maschinengeräusche, Stimmen, Musik oder Klänge aus der Natur wie Vogelgesang oder das Zirpen von Grillen. Ihre Liste der Geräusche wird in Abhängigkeit von Ihrer Umgebung variieren.

Vor dieser Übung waren Sie sich der meisten dieser Geräusche möglicherweise nicht bewusst. Indem Sie Ihre Aufmerksamkeit auf solche Geräusche konzentrierten, waren Sie in der Lage, sie zu identifizieren und als wichtig oder unbedeutend zu klassifizieren.

Hat es irgendwelche Geräusche gegeben, die Sie überhört haben? Haben Sie z.B. Ihre eigene innere Stimme gehört? Falls Sie Ihre Stimme zuerst aufgeschrieben haben, ist es gut für Sie. Auch wenn unsere innere Stimme das lauteste Geräusch ist, das wir hören, sind sich die meisten von uns nicht bewusst, wie sie uns ablenkt, wenn wir uns mit anderen unterhalten.

Den ganzen Tag hindurch hört unsere innere Stimme nie auf zu sprechen. Sogar während dieser Übung hat Ihre innere Stimme wahrscheinlich Kommentare abgegeben, wie z.B.

„Das sind aber lange 30 Sekunden."
„Warum haben mich die Autoren aufgefordert, so etwas zu machen?"
„Es gibt mehr Geräusche, als ich gedacht habe."
oder:
„Ich höre überhaupt nichts."

Ihre innere Stimme ist das lauteste Geräusch in Ihrer Welt und sie dringt oft in Ihre Beziehungen mit anderen ein.

Obgleich innere Stimmen als Ablenkung dienen und Beziehungen behindern können, sind sie wichtig. Unsere inneren Stimmen helfen uns, unsere Interaktionen mit uns selbst und anderen zu überwachen, aber manchmal *schreit* die innere Stimme, wenn sie *flüstern* sollte; sie *unterbricht*, wenn *warten* sinnvoll, und *streitet*, wenn *nachdenken* angebracht wäre.

Es ist schon eine Herausforderung, dafür zu sorgen, dass die innere Stimme sich beruhigt, um anderen wirklich zuhören zu können.

Ihre innere Stimme kann:

- Sie daran hindern, sich an Namen von Leuten zu erinnern, denen Sie vorgestellt wurden.
- Sie zu einer Erwiderung veranlassen, bevor Leute ihre Gedanken zu Ende geführt haben.
- Sie wegen Gefühle auslösender Wörter oder Assoziationen zu anderen Themen und Gedanken springen lassen.
- die Aufnahme einer Information blockieren, wenn sie mit Ihren bisherigen Erfahrungen nicht übereinstimmt.

Der Schlüssel, um unsere innere Stimme zu regeln ist, sich eine mehr „auf andere-zentrierte" als „selbst-zentrierte" Zuhör-Perspektive zu erarbeiten. So schrieb Steven Covey, der Autor von „Die 7 Tugenden effizienter Leute" (The 7 Habits of Highly Effective People): „Bemühe dich erst, zu verstehen, und erst dann, verstanden zu werden."[2]

Auswirkungen schlechter Zuhör-Gewohnheiten

Es ist einfacher, die belastenden Zuhör-Gewohnheiten einer anderen Person zu bemerken, als zu erkennen, was bei unserer eigenen Zuhör-Effektivität schief läuft. Denken Sie immer daran, dass die Stärken und Schwächen, die mit Ihren individuellen Zuhör-Präferenzen zusammenhängen, für andere belastend sein können. Solange man nicht darauf aufmerksam gemacht wird, werden die meisten Gewohnheiten Teil unserer Handlungsroutine. Gewohnheiten sind stark automatisierte und im Zeitverlauf intensivierte Verhaltensweisen.[3]

Mit anderen Worten: Mit dauernder Übung verstärken wir die Art des Zuhörens, für die wir uns entschieden haben. Bedauerlicherweise praktizieren viele von uns schlechte Angewohnheiten, die sich schwer ändern lassen.

Zur Ablenkung neigen

Sich als Zuhörer konzentrieren bedeutet, die Aufmerksamkeit darauf gerichtet lassen, was eine andere Person gerade sagt. Wenn wir mehr zu Ablenkung tendieren als die Person, mit der wir kommunizieren, verlieren wir die Konzentration auf das Gespräch. Einige Ablenkungen (Musik, laute Stimmen, Büromaschinen usw.) sind wahrnehmbar, andere, wie Ihre innere Stimme, können so lange unbemerkt bleiben, bis ein Zuhör-Fehler auftritt.

> Während des Frühstücks erinnerte Kerry ihren Vater an ihr letztes Heimspiel. Während sie sprach, las ihr Vater Wayne die Zeitung, schlürfte Kaffee an der Spüle und machte sich Notizen über seine ersten Verkaufsgespräche. Als Kerry fertig war, umarmte sie Wayne rasch und sagte: „Wir treffen uns beim Spiel".
> Wayne wusste, dass er in großen Schwierigkeiten steckte, als er an der Sporthalle der Schule vor verschlossenen Türen stand. Er hatte ihr versprochen, heute vorbeizuschauen, nachdem er bei drei Heimspielen nacheinander gefehlt hatte. Er dachte, dass Kerry gesagt hatte, dass das Spiel um 16.00 Uhr war, aber niemand war da. Wayne begann nachzudenken: „Ich dachte, ich habe ihr heute morgen zugehört, aber ich hatte so viel um die Ohren. Warum verpasse ich nie eine geschäftliche Verabredung, aber bringe immer die Spiele meiner Kinder durcheinander?"

Wayne wusste, dass seine Tochter enttäuscht sein würde. Er wusste auch, dass sie aus seinem Zuhören interpretierte, wie sehr er sie liebte. Sich nicht mehr an seine Versprechen zu erinnern oder nicht richtig zuzuhören, sagt aus, dass die andere Person nicht wertgeschätzt wird oder unwichtig ist. Wir haben uns alle schuldig gemacht, etwas Wichtiges vergessen zu haben. Einer unserer Freunde sagte immer, dass der Geist so glatt wie ein Aal sei. Es geht darum, Wege zu finden, um Ideen so lange als möglich festzuhalten.

Zur Kontrolle innerer und äußerer Ablenkungen

- Entfernen oder vermindern Sie Ablenkungen durch Abschalten von Fernsehgeräten und Apparaten.
- Setzen Sie sich nahe zu Ihrem Partner oder bewegen Sie sich auf ihn zu.
- Minimieren Sie Unterbrechungen, indem Sie eine private Umgebung aufsuchen.
- Machen Sie sich Notizen.
- Sehen Sie Ihren Partner häufig an.
- Entspannen Sie sich, bevor Sie mit dem Zuhören beginnen.

Tagträume

Vielleicht haben Sie den Federal Express Werbespot mit einem der schnellsten Redner der Welt, John „Mighty Mouth" Moschitta gesehen, der um die fünfhundert Worte pro Minute spricht. Für eine begrenzte Zeit können die Menschen genug Zuhör-Energie aufbringen, um Information in einem so hohen Tempo zu verstehen. Während die meisten normalerweise etwa 120 bis 150 Worte pro Minute sprechen, können wir also in einem viel höheren Tempo zuhören, als viele sprechen.[4] Wenn andere zu langsam sprechen, widmen wir uns eher Tagträumen oder Kritzeln, statt die Zeit zu unserem Vorteil zu nutzen.

Nutzen Sie als Zuhörer die zusätzliche Zeit aufgrund der höheren Denkgeschwindigkeit, indem Sie:

- vorwegnehmen, was der Sprecher als Nächstes sagen wird.
- zusammenfassen, was Sie gerade gehört haben.
- die Information bewerten.

Die meisten Zuhörer blenden sich in Unterhaltungen ein und aus. Die Aufmerksamkeitsspanne des durchschnittlichen Erwachsenen liegt ohne konzentrierte Anstrengung[5] zwischen zehn und zwanzig Sekunden. Die meisten von uns steigen so häufig in eine Unterhaltung ein oder blenden sich aus, dass wir vergessen, dass wir es tun. Während wir aussehen, als ob wir zuhörten, kann unser Geist Tausende von Kilometern entfernt und auf andere große und kleine Dinge gerichtet sein.

Sogar die besten Zuhörer haben bei einigen Gesprächen oder Vorträgen Schwierigkeiten, ihr Interesse aufrechtzuerhalten. Wenn wir uns jedoch angewöhnen, den Vorteil, dass wir schneller zuhören als andere sprechen können, zu vergeuden, kann es sein, dass wir wertvolle Einsichten verpassen und Beziehungen abwerten.

Übermäßige Emotionalität

Als sie einen Knoten in ihrer Brust fühlte, machte Chris einen Termin bei Dr. Gardner, ihrer Gynäkologin, aus. Zwei Tage nach der Mammographie rief die Sprechstundenhilfe der Ärztin an und teilte Chris mit, dass Dr. Gardner eine Nachuntersuchung machen wollte. Als Chris anfing, Fragen zu stellen, antwortete die Sprechstundenhilfe freundlich: „Es tut mir Leid, aber Dr. Gardner wird Ihre Fragen persönlich beantworten. Möchten Sie, dass sie Sie anruft? In diesem Augenblick hörte Chris auf zuzuhören. Stattdessen begann sie, außer sich vor Angst, auf ihre innere Stimme zu hören, die zu fragen begann: „Was stimmt mit mir nicht? Habe ich Krebs? Wird meine Brust amputiert werden müssen?“ Von dem, was die Sprechstundenhilfe noch sagte, nahm sie nichts wahr.

Wenn Emotionen, wie die, die Chris fühlte, die Macht übernehmen, neigen sie dazu, die Logik außer Kraft zu setzen und den Zuhör-Prozess abzuschalten. Deshalb sollten Sie, wenn Sie erkennen, dass jemand in einer negativen emotionalen Geistesverfassung (zornig, niedergeschlagen, eifersüchtig etc.) ist, am besten das Gespräch vermeiden, bis sich die Person beruhigt hat. Denken Sie daran, dass negative Gefühle die Fähigkeit einer Person zum Zuhören vermindern. Es ist, als ob die Gefühle einen „eigenen Willen“ hätten. Manchmal werden wir uns dessen bewusst, dass wir emotional reagieren, aber wir fühlen, dass wir nichts tun können, um die Kontrolle wiederzuerlangen. Durch selbststeuernde Übung ist es möglich, sich der anfänglichen emotionalen Auslöser mehr bewusst zu werden und ihnen zuvorzukommen, bevor sie uns aus dem Gleis werfen.

Sich selbst Aufmerksamkeit schenken

Gunther musste immer das letzte Wort haben. Wenn sich seine Kollegen über einen Angelausflug unterhielten, an dem sie am Wochenende teilgenommen hatten, musste er ihre Geschichte übertrumpfen, indem er damit prahlte, einen riesigen Blauen Marlin vor Australien gefangen zu haben. Wenn sich sein Chef darüber beklagte, dass er gezwungen war, am vorherigen Abend bis 19.00 im Büro zu bleiben, „musste" Gunther erklären, dass er, obwohl er früh gegangen war, zu Hause bis Mitternacht gearbeitet hatte.

Wir alle haben Leute wie Gunther gekannt und nicht gemocht. Sie scheinen unter einem inneren Zwang zu stehen, das „Ich kann das übertrumpfen"-Spiel zu spielen. Zur Beschreibung dieses Verhaltens dient auch der Ausdruck „den anderen eine Nasenlänge voraus sein". Die psychologische Basis dieses Konkurrenzverhaltens liegt außerhalb der Reichweite unserer Untersuchung. Wenn es jedoch eine Zuhör-Gewohnheit wird (eigentlich ein Reaktionsmuster), den anderen zu übertrumpfen, kann es Beziehungen schädigen und mögliche Freundschaften zerstören.

Zu viel reden

Larry Barker, einer der Autoren dieses Buchs, nahm an einer ABC 20/20 Sendung mit dem Titel „Übertriebenes Reden"[6] teil. Dabei wurden zwei Situationen beleuchtet. Bei einer ging es um eine Frau, der es wegen ihres Redebedürfnisses nicht gelang, eine längerfristige Liebesbeziehung einzugehen. Im anderen Szenario arbeitete Larry als Trainer für Führungskräfte, um einem Manager dabei zu helfen zu lernen, lange genug selbst zu schweigen, um seinen unmittelbaren Untergebenen zuzuhören und von ihnen etwas zu erfahren. Durch die Trainingssituation erkannte der Manager, wie man Fragen stellt, ohne die Antwort zu unterbrechen, auf Hinweise für Desinteresse achtet, seine Vorstellungen präziser darlegt und um Hilfe bittet, um weniger arrogant zu wirken.

Merken Sie sich:

- Umso mehr Sie sprechen, desto weniger hören Sie zu, und um so mehr Sie sprechen, desto weniger werden andere zuhören.
- Wenn Sie zu viel reden, ist es genauso schwer, sich an alles zu erinnern, was Sie gesagt haben, wie an alles, was andere gesagt haben.

Dieser und andere Manager, mit denen wir beruflich gearbeitet haben, wissen nun, dass zu viel und zu häufig zu reden andere abstößt. Wenn Sie andere beeindrucken und überzeugender erscheinen wollen, lernen Sie, weniger zu sagen[7]. In der Tat zeigt die Forschung, dass Leute unbeliebt sind, die mehr als 80 Prozent der Zeit sprechen.[8]

Mit Zuhör-Erwartungen umgehen

Bevor wir die irritierenden Verhaltensweisen verlassen, müssen wir betonen, dass einige dieser Verhaltensweisen möglicherweise jemanden bei der Ausübung seiner Rolle und/oder seiner Verantwortung nützlich sind. So bemühen sich beispielsweise Richter, die im Gerichtssaal einer Aussage zuhören, Unparteilichkeit zu zeigen, indem sie einen unbewegten Gesichtsausdruck bewahren. Tatsächlich stellen einige Richter Spiegel vor sich auf dem Tisch auf, um sicherzugehen, dass sie einen neutralen Ausdruck zeigen, um die Geschworenen nicht zu beeinflussen. Ähnlich versuchen Polizisten bei der Vernehmung von Verdächtigen oft, ihre wahren Gefühle zu verbergen. Sie können Verdächtige sogar absichtlich unterbrechen, um sie einzuschüchtern und aus dem Gleichgewicht zu bringen. Auch Personen die verhandeln, Rechtsanwälte, Vermittler und Vollzugsbeamte, können sich zur Erreichung spezifischer Ziele bewusst um irritierende Gewohnheiten bemühen.

Wir befassen uns mit den Zuhör-Gewohnheiten, die sich auf unsere Interaktionen mit anderen auswirken. Wenn beispielsweise Vorgesetzte fortwährend die Beiträge ihrer Untergebenen ignorieren, können sie Vorschläge oder den Austausch von Ideen hemmen. Ähnlich berichten Jugendliche, dass sie damit aufhören, ihre Gedanken und Gefühle mit den meisten Erwachsenen zu teilen. Wenn man sie nach dem Grund fragt, behaupten sie, dass die Erwachsenen abschalten, sobald ein Gesichtspunkt auftaucht, der sich von dem ihren unterscheidet. Wenn wir Kommunikationskanäle offen halten wollen, sollten wir auf unsere eigenen irritierenden Zuhör-Gewohnheiten achten.

Stella war freudig erregt, weil sie eine Gelegenheit hatte, die Ferien mit ihrer besten Freundin Nancy zu verbringen. Da sie sich sechs Monate nicht gesehen hatten, mietete Nancy ein abgelegenes Strandhaus für lange Spaziergänge und Gespräche. Stella war überrascht, als Nancy mit Computer und Faxgerät ankam. Nancy hatte versäumt, Stella zu sagen, dass sie nur freibekommen hatte, weil sie ihrem Chef versprochen hatte, ein Immobiliengeschäft telefonisch abzuschließen. Als Nancy innerhalb der ersten Stunde das zweite Mal angerufen wurde, fing Stella an, sich zu ärgern.

Versuchen Sie daran zu denken, wie Sie sich in einer ähnlichen Situation gefühlt hätten. Da die anderen unsere Gedanken nicht lesen können, könnten sie unsere Unaufmerksamkeit, Unterbrechungen und Unruhe als Hinweis sehen, wie wir sie schätzen. Gute Zuhörer und Gesprächspartner lernen, falsche Wahrnehmungen nach Möglichkeit zu vermeiden. Sie könnten der Person in Ihrem Büro z.B. erklären, warum es wichtig war, den Anruf eines Kunden entgegenzunehmen, der drei Tage lang versucht hat, Sie zu erreichen. Wenn wir die Gefühle anderer anerkennen und unser Verhalten erklären, sind sie häufig toleranter und bereiter zu akzeptieren.

Jeder denkt daran, die Welt zu ändern, aber niemand denkt daran, sich selbst zu ändern.

Leo Tolstoi

Zuhör-Gewohnheiten ändern

„Okay“, sagen Sie. „Ich gebe zu, dass ich einige Zuhör-Gewohnheiten habe, an denen ich arbeiten muss. Und, ja, meine Zuhör-Präferenzen spiegeln sich darin wider, wie ich anderen zuhöre.“ Was ist der nächste Schritt? Um Zuhör-Gewohnheiten zu verändern, bedarf es einer „TAT“.[9]

TAT steht für:
T – Training
A – Anreiz
T – Tun

Training

Sie erhalten Training im Zuhören, indem Sie dieses Buch lesen. Nachstehend einige Hinweise, wie Sie das Optimale aus dem herausholen, was Sie lesen:

Tipp 1: Überprüfen Sie die Vorschläge zum Zuhören durch Ihre eigene Erfahrung. Versuchen Sie nicht Ideen auszuführen, die für Sie keinen Sinn ergeben.

> Rob besuchte eines unserer Seminare in Boston und war einer der aufmerksamsten Teilnehmer. Er machte sich Notizen und stellte einen Aktionsplan auf, um einige seiner schlechten Zuhör-Gewohnheiten zu verändern. Etwa einen Monat nach dem Seminar rief er in unserem Büro an und sagte, dass er einige Probleme hätte. Er erklärte, dass er daran arbeitete, sich selbst zuzuhören, aber jedes Mal, wenn er damit begann, störte es seine Unterhaltung und er stellte das Zuhören ein. Schließlich fühlte er sich frustriert.

Wir gingen nochmals auf einige der Prinzipien des Selbstzuhörens von Kapitel 5 zurück, einschließlich der Vorstellung, dass das Ziel darin besteht, ein „distanzierter“ Beobachter zu bleiben und nicht das unmittelbare Urteil darüber zu verlieren, was jemand anderer sagt oder tut. Robs Wunsch nach unmittelbarer Verbesserung seiner Zuhör-Gewohnheiten brachte ihn dazu, das aus dem Blickfeld zu verlieren. Wir mussten Rob daran erinnern, dass er viele Jahre gebraucht hatte, um seine Zuhör-Gewohnheiten zu entwickeln, und dass Veränderungen nicht über Nacht sichtbar werden. Denken Sie daran, dass die Ziele und Techniken des Selbstzuhörens zunächst darin bestehen, erst zu beobachten, bevor man ein Verhalten oder eine Einstellung ändert. Nach dem Selbstzuhören entscheiden Sie sich, eine oder zwei Gewohnheiten zu verbessern und schließlich den Prozess der Zielerreichung schrittweise einzuleiten.

Wenn diese Gedanken zunächst keinen Sinn ergeben, zwingen Sie sich nicht, sie in die Praxis umzusetzen. Manche gute Ideen können bei Ihnen nicht funktionieren – und nur Sie treffen die Entscheidung.

Tipp 2: Vermeiden Sie die Ansicht, dass Sie alles über das Zuhören wissen müssen, bevor Sie Schritte zur Veränderung unternehmen.

Die Abkürzung AAD steht für „alles, außer Dissertation". Wir haben Dutzende graduierter Studenten gekannt, die es nicht geschafft haben, ihre Dissertationen (und damit ihre Promotion) abzuschließen, weil sie es nicht fertig gebracht haben, mit dem Suchen und Lesen aufzuhören, und so haben sie nie geschrieben, was sie entdeckt haben.

Viele tappen in eine ähnliche Falle, indem sie weiterhin über Zuhör-Ideen lesen und nachdenken wollen, anstatt zu handeln. Wir können einfach nicht alles über das Zuhören auf einmal lernen.

> Rosa Ann, eine erstklassige MBA[10], hatte vier Positionen im Management innegehabt, seitdem sie vor drei Jahren in Wharton ihren Abschluss gemacht hatte. Zuerst dachte sie, dass sie auf der Unternehmensleiter hochsteigen würde, aber später erkannte sie, dass sie umhergeschoben wurde. Nach Erhalt ihrer letzten Leistungsbewertungen nahm Rosa Ann die Bemerkungen über ihre schlechten Zuhör-Fähigkeiten ernster. Entschlossen weiterzukommen, ging sie ins Internet und

suchte alles, was sie über das Zuhören finden konnte. Innerhalb eines Monats hatte sie Dutzende von Artikeln und drei Bücher über das Zuhören gelesen. Als sich Rosa Anns Chef nach ihrem persönlichen Entwicklungsplan erkundigte, erzählte sie ihm, was sie getan hatte, um etwas über das Zuhören zu lernen. Er war von ihren Bemühungen beeindruckt, aber er fragte sie: „Nachdem Sie alles gelesen haben, was Sie konnten, was wollen Sie tun? Nur Lesen reicht nicht."

Während das Lernen über Zuhören zu einer Verbesserung führen kann, sind große Fortschritte nur möglich, wenn wir willens sind, dieses Wissen in Handeln umzusetzen.

Anreiz

Um unsere Zuhör-Gewohnheiten zu ändern, müssen wir ermitteln, wie stark unser Wunsch diesbezüglich ist. Wenn der Wunsch nicht stark ist, haben wir wenig Anreiz zur Verbesserung.

Mike, ein Software-Entwickler aus Silicon Valley, schickte seinen Assistenten Phil zu einem unserer Seminare nach Santa Barbara. Bei der Beurteilung seiner Arbeitsleistung hatte man Phil gesagt, dass er seine Zuhör-Fähigkeit bei der Arbeit verbessern müsste. Phils Abteilung musste wegen seiner Zuhör-Fehler einige kostspielige und Zeit raubende Überarbeitungen vornehmen. Als sich Phil im Seminar vorstellte, gab er zu, dass er eigentlich nicht hier sein wollte, aber er würde keine Gehaltserhöhung bekommen, solange er den Workshop nicht absolviert hatte. Während des Workshops zeigte er eine gleichgültige Einstellung. Alles, was er wollte, war das Teilnahmezertifikat, um seinem Chef den Besuch nachzuweisen. Wir haben niemals mehr etwas von Phil gehört, aber wir wetten, dass sich seine Zuhör-Gewohnheiten nach dem Seminar um kein Iota geändert haben.

Wir müssen uns ernsthafte Fragen stellen: „Bin ich bereit, meine alten Gewohnheiten aufzugeben?“, „Habe ich den aufrichtigen Wunsch, etwas zu verändern?“ Wenn die Antwort auf eine dieser Fragen „nein“ lautet, gibt es wahrscheinlich wenig Grund zum Weiterlesen. Wenn Sie mit „ja“ antworten, haben Sie eine große Erfolgschance.

Tipp 3: Stellen Sie für sich selbst ein System von Verstärkern auf. Belohnen Sie sich mit einer kleinen Zwischenmahlzeit, einer Pause oder sogar einem Großeinkauf, wenn Sie einen größeren Erfolg feststellen.

> Marylin hatte zwei Monate lang an ihrer schlechten Angewohnheit gearbeitet, unmittelbare Untergebene zu unterbrechen. Sie wandte Selbststeuerung an und hatte einigen Erfolg bemerkt. Als Teil ihres Anreiz-Planes nahm sie sich vor, sich ein neues Paar Ohrringe (als Gedächtnisstütze fürs Zuhören) zu kaufen, wenn sie es eine ganze Woche durchhalten würde ihre direkten Untergebenen nicht zu unterbrechen. Als es Marylin eine ganze Woche schaffte, ging sie zum Juwelier Zales und kaufte die Ohrringe. Sie fand eine dazu passende Halskette, die sie kaufen wollte, wenn es ihr einen ganzen Monat gelang, nicht in ihre alte Gewohnheit zurückzufallen.

Sowohl materielle als auch immaterielle Belohnungen können Anreize sein. Entscheiden Sie, was Sie motiviert, und arbeiten Sie daran, Ihre Belohnung zu bekommen. Im Laufe der Zeit werden Ihnen Ihre verbesserten Zuhör-Fähigkeiten zahllose unmittelbare Belohnungen verschaffen.

Tun

Training und Anreiz schaffen die Grundlage für die Änderung von Gewohnheiten. Praktisches Tun ist der letzte Schritt. Denken Sie an diese zwei Punkte, wenn Sie Ihre neuen Fähigkeiten anwenden:

Tipp 4: Setzen Sie sich kleine, spezifische Ziele für sich selbst. Wenn die Ziele zu umfassend oder unbestimmt sind, können Sie vom Weg abkommen und sie aus den Augen verlieren.

Michelle, eine Collegestudentin in Tulane, erkannte, dass sie an einer Menge schlechter Zuhör-Gewohnheiten arbeiten musste, da ihre Freunde oft bemerkten, dass sie ihrer Meinung nach nicht zuhörte. Sie listete diejenigen, die für sie die schlimmsten waren auf und setzte Prioritäten.

Sie entschied, dass ihr Blickkontakt das meiste Bemühen erforderte, und so stellte sie einen Plan auf, während der kommenden Woche an dieser einzigen Gewohnheit zu arbeiten. Obgleich sie in Versuchung war, an allen fünf wichtigsten Punkten ihrer Liste gleichzeitig zu arbeiten, erkannte sie, dass ihr der Beginn mit einer einzigen Gewohnheit die besten Erfolgschancen lieferte. Nachdem sie einen echten Fortschritt bei der Verbesserung des Blickkontakts festgestellt hatte, nahm sie nach einigen Wochen die zweite Priorität – mit dem Tagträumen aufzuhören – hinzu. Für Michelle kam der Erfolg, indem sie sich spezifische erreichbare Ziele vornahm und nacheinander realisierte.

Setzen Sie sich ein Ziel, vergewissern Sie sich, dass es erreichbar ist, und dann beginnen Sie mit dem Tun.

Tipp 5: Seien Sie beharrlich. Beharrlichkeit ist wichtiger als Kraft. Dies betonte der Philosph J. G. Bennett, als er sagte: „Wassertropfen tragen einen Stein davon – aber ein Wolkenbruch lässt ihn unverändert."

Margaret und Kale waren gute Freundinnen und spielten jeden Dienstag im Country-Club Bridge. Sie hatten beide einen unserer Workshops in Omaha absolviert und hatten vereinbart, sich einander bei der Verbesserung ihrer Zuhör-Fähigkeiten zu helfen. Margaret war handlungsorientiert und machte genaue Pläne, ihr Zuhören auf verschiedene Weise zu verbessern. Sie versuchte aus dem Stand heraus, über Nacht, eine bessere Zuhörerin zu werden. Ein oder zwei Tage war sie erfolgreich. Als sie aber mit ihrer Familie Ferien machte, vergaß sie ihre Ziele. Nach der Rückkehr entschied sie, dass ihre Anstrengungen vergeblich waren, und gab einfach auf, es weiter zu versuchen. Kale andererseits schlug einen sanfteren und freundlicheren Weg ein und entschied sich, zunächst nur an einer Gewohnheit zu arbeiten, bis sich diese gebessert hatte. Sie war geduldig und beharrlich. Obgleich Kale einige Gewohnheiten hatte, an denen sie noch arbeiten musste, gestattete es ihre Beharrlichkeit, bedeutende Verbesserungen und Fortschritte als Zuhörerin zu machen.

Akzeptieren Sie, dass der Fortschritt langsam sein kann und dass Sie Ihr Ziel zeitweise vergessen können. Rückfälle und vorübergehende Misserfolge sind zu erwarten.

Anmerkungen

1. The Husband Makeover (1998): In: *Ladies' Home Journal,* 146.
2. S. Covey (1989): *The 7 Habits of Highly Effective People.* New York: Simon & Schuster.
3. Im Englischen lautet der Satz: Highly automated behaviors intensifiet (over) time. Aus dem Anfangsbuchstaben kann das Wort HABIT = Gewohnheit gebildet werden. Ein entsprechendes Akronym ergibt sich im Deutschen nicht.
4. W. Apple, L. Streeter and R. Krauss (1979): Effects of pitch and speech rate on personal attributions. In: *Journal of Personality and Social psychology,* 37, S.715-727; T. H. Ostermeier (1990). Electronically-produces ‚fast talkers' in TV/Radio commercials: What happens to the ‚speeding listener'? Bericht bei der International Listening Association Convention, Indianapolis.
5. R. N. Bostrom and C. L. Bryant (1980): Factor in the retention of information presented orally: The role of

short-term listening. In: *Western Journal of Speech Communication* 44, S.137-145.
6. Excessive Talking (1998). ABC 20/20.
7. R. Greene and J. Elffers (1998): *48 Laws of Power.* New York: Viking.
8. (1998): *Media Guide.* International Listening Association.
9. Im englischen Orginal wird aus den Worten Training-Incentive-Practice das Akronym TIP gebildet.
10. MBA = Master of Business Administration.

7.
Zuhören macht es besser: Gute Zuhörer sind immer gefragt

Gesegnet die, die nichts zu sagen haben und nicht dazu überredet werden können, es zu sagen.

James Russell Lowell

In den 80er-Jahren nahm der beliebte Country-Sänger Mickey Gilley den Titel „Looking for Love" auf – ein Lied, das törichte Leute beschreibt, die „an all den falschen Plätzen" und „in den falschen Gesichtern" nach Liebe suchen. Wir glauben, dass es mit dem Zuhören ähnlich ist. Die Zahl der Selbsthilfegruppen, Psychologen, Psychiater, Sozialarbeiter und Cyber-Chat-Räume wächst weiterhin ins Uferlose, und die Zahl der Scheidungen und Krisen steigt. Eine Gemeinsamkeit dieser persönlich oder beruflich vorwärtsstrebenden Leute ist das Bedürfnis zu sprechen und andere zu haben, die ihnen zuhören. Tatsächlich bieten einige Hotels einen neuen Service für überbeanspruchte oder einsame Reisende an. Für zwei Dollar pro Minute können die Gäste einen zugelassenen Psychologen anrufen, der sich Probleme anhört und ein wohlwollendes Ohr zur Verfügung stellt.[1] Dieser Trend deutet an, dass Individuen aller Altersstufen nach Leuten suchen, die ihnen zuhören, weil nicht genug *gute* Zuhörer herumlaufen.

> In John Grishams Buch „The Street Lawyer" äußert sich die Hauptperson, Michael Brock, über Obdachlose folgendermaßen: „Ich habe sehr schnell gelernt, dass eine der Herausforderungen eines Anwalts der Armen darin bestand, zuzuhören. Viele meiner Klienten wollten nur mit jemandem sprechen. Alle waren in irgendeiner Art verstoßen und niedergemacht worden, und warum sollte man sich nicht bei den Rechtsanwälten erleichtern, wenn kostenlose Rechtsberatung möglich war?"[2]

Wie die Obdachlosen, auf die Michael Brock gestoßen ist, entwickeln viele keine befriedigenden engeren Beziehungen. In unserer schnelllebigen Gesellschaft gelingt es uns oft nicht, neue Beziehungen aufzubauen oder uns die Zeit zu nehmen, einander wirklich kennen zu lernen. Oberflächliche Bekannte gewähren kaum die Anteilnahme, das Verständnis und die Fürsorge, die sich die meisten wünschen.

> Lisa, neu in der Stadt und in einem virtuellen Büro als Computerprogrammiererin tätig, sprach kaum oder wandte sich selten an jemanden in der Firmenzentrale in Manhattan. Nachdem sie täglich neun Stunden vor dem Monitor verbracht hatte, sehnte sie sich nach menschlichem Kontakt. Lisa rief häufig zu Hause an, aber sie wollte ihren Eltern gegenüber ihre Unzufriedenheit und ihre Sorgen nicht zugeben. Sie drückte ihre Gefühle von Einsamkeit und Depression nicht aus. Ihre Eltern fragten sie selten und kümmerten sich nur um ihre eigenen Angelegenheiten. Glücklicherweise bemerkte Nancy, eine von Lisas Schulfreundinnen die Traurigkeit in ihrer Stimme und fragte: „Lisa, wie geht es dir eigentlich? Du warst so begeistert, nach New York zu ziehen, aber jetzt klingt deine Stimme so matt." Lisa versuchte, die Situation zu beschönigen, indem sie sagte, dass sie müde sei, aber Nancy gab nicht nach: „Sag schon, wir sind jahrelang Freundinnen gewesen. Du hast mehr Energie wie jeder andere, den ich kenne ..." Nachdem sie sich noch zwanzig Minuten unterhielten, öffnete sich Lisa endlich und ließ ihre Gefühle heraus. Nancy leistete eine wichtige Arbeit, indem sie Fragen stellte und das Gehörte wiederholte, ohne Ratschläge zu geben. Am Ende des Gesprächs hatte Lisa mehr Energie in der Stimme. Sie sagte: „Ich kann es gar nicht glauben, um wieviel ich mich besser fühle. Ich habe nur jemanden gebraucht, der mir zuhört".

Ebenso wie geschulte Fachleute lernen, wie man sich kümmert, Besorgnis zeigt und freie Kommunikation fördert, können auch Sie bessere Zuhör-Fähigkeiten gegenüber den Leuten entwickeln, um die Sie sich am meisten kümmern – Familienmitglieder, Freunde und Kollegen. Sie können lernen, ein vertrauensvolles Umfeld zu schaffen, eine Beziehung aufzubauen, Harmonie zu erzeugen und andere zum Sprechen zu ermutigen. In Kapitel 4 wurde betont, wie irritierende Zuhör-Gewohnheiten diejenigen verletzen, die man am meisten liebt, während dieses Kapitel beschreibt, was man als Zuhörer tun kann, um Beziehungen zu stärken und sinnvollere Rückmeldungen zu erhalten.

Merkmale guter Zuhörer

Eine der interessantesten Übungen in unseren Seminaren beginnt damit, dass wir die Teilnehmer auffordern, eine Person zu identifizieren, von der sie glauben, dass sie das höchste Niveau möglicher Zuhör-Fähigkeit aufweist. Wir bitten sie dann, drei oder vier Merkmale aufzuschreiben, die der Zuhörer besitzt. Wenn die Teilnehmer im Raum umhergehen, um ihren besten Zuhörer zu beschreiben, tauchen oft tiefe positive Gefühle auf. Es ist kein Zufall, dass die Leute, die wir als außergewöhnliche Zuhörer betrachten, auch Leute sind, zu denen wir eine tiefe Zuneigung empfinden. Wir halten dann die Merkmale auf einem Flipchart fest und schauen, wie viel Überschneidung zwischen den Merkmalen besteht, die einige der außergewöhnlichen Zuhörer aufweisen. Das Ende dieser Übung besteht darin, dass wir die Teilnehmer bitten, auf die Merkmalsliste zu schauen und die zu kennzeichnen, von denen sie glauben, dass sie sie besitzen. Sie nennen auch einige Merkmale, die sie gegenwärtig nicht haben, aber gerne haben möchten. Es ist nicht erstaunlich, dass die Zuhörer oft Eigenschaften entwickeln möchten, die mit anderen Zuhör-Präferenzen als ihren eigenen zusammenhängen. Wir zeichnen ihre Antworten auf und sie werden Teil des individuellen Selbstverbesserungsplanes des Teilnehmers. Zu den häufigsten Eigenschaften guter Zuhörer gehören:

geduldig
mitfühlend
liebevoll
verständnisvoll
selbstlos

aufmerksam
gelassen
großzügig
geistig offen
nachdenklich
intelligent
einfühlsam
Anteil nehmend

Wie Sie sehen, ist es leicht, Merkmale, die wir an guten Zuhörern schätzen, zu erkennen. Diese Merkmale wurden – zusammen mit anderen guten Zuhör-Aktivitäten – in den vergangenen Jahren evaluiert.[3] So hat der Autor z.B. im „Harvard Management Update" folgendes Porträt eines Managers mit ausgezeichneten Zuhör-Fähigkeiten skizziert:

> Sie sitzen da und schauen den Kunden an, stellen prüfende Fragen und geben ihm oder ihr mehr als genug Zeit für die Antwort. Sie vermitteln klar die Bedeutung jedes Wortes, das Sie hören, indem Sie sich Notizen machen, sich dem Sprecher zuwenden und nicken, um zu zeigen, dass Sie verstehen oder zustimmen. Mit anderen Worten: sie saugen Information auf wie ein Schwamm und machen alles andere als reden – um dem Betreffenden zu zeigen, dass es das ist, was Sie tun.[4]

In jedem Lebensbereich – nicht nur im Verkauf oder Management – unterstützt dieser offene, aufmerksame und nicht wertende Stil des Zuhörens die Kommunikation, das Verstehen und die Beziehung.

> Der Therapeut bat sie zu beschreiben, was „geliebt sein" heißt. Nach einigem Nachdenken sagte meine Freundin, dass ihre Vorstellung von „geliebt sein" sei, wenn ihr jemand wirklich, wirklich zuhörte.
>
> *Dear Abby, Universal Press Syndicate (15.11.1998)*

Erfolgreiche Strategien zur Verbesserung des Zuhörens in Beziehungen

Wie wir in Kapitel 1 besprochen haben, belohnt Sie gutes Zuhören, wenn Sie anderen zeigen, dass Sie sich um sie kümmern. Wenn uns gutes Zuhören auch in unseren alltäglichen Interaktionen Gewinn bringt, gibt es Gelegenheiten, wo es besonders wertvoll ist:

- Am Anfang von Beziehungen
- Wenn Sie die Sichtweise oder Beweggründe einer anderen Person nicht verstehen
- Wenn Sie und jemand anders unterschiedliche Ansichten haben
- Wenn eine andere Person zornig oder bestürzt ist
- Wenn Sie Rückmeldung geben oder darum bitten

Nachstehend finden Sie einige bewährte und geprüfte Zuhör-Strategien, die Ihnen helfen können, ihre häuslichen Beziehungen und Ihre Beziehungen am Arbeitsplatz zu verbessern.

Wissen, wann man schweigen und wann man sprechen sollte

Die biblische Aussage, dass es für alles eine Zeit gibt, hallt im klassischen Volkslied „Turn, turn, turn“ wider. Es gibt eine Zeit zum Reden und eine Zeit zum Zuhören. Wissen, wann man zuhören und wann man reden soll und die unterschiedlichen Rollen zur rechten Zeit zu akzeptieren, ist der Schlüssel jedes Erfolgs beim Zuhören.

> „(...) Wenn es dich nicht zu sehr bekümmert, darüber zu sprechen, würde ich gerne davon hören.“
> Es war das einzige Mal in seinem Leben, an dem er sich jemals dem Erzählen der Erfahrung, einschließlich der barschesten und schmerzlichsten Einzelheiten, näherte. Was die Beherrschung seiner Gefühle begünstigte (...) war die unterstützende, absolut ruhige, mandarinartige Art, in der sein Vater zuhörte.
>
> *Jeanette Haien, Matters of Chance (1997)*

Pat ist sehr umtriebig und braucht immer Aufregung. Sie ist ein Adrenalin-Junkie. Das Reden fällt ihr leicht. Sie kann ohne Mühe allein eine Unterhaltung führen. Aber es ist sehr schwer für sie, den Mund zu halten und nur zuzuhören, ohne Ungeduld durch Verhaltensweisen wie mit den Fingern klopfen, mit dem Fuß wippen oder mit den Autoschlüsseln spielen zu zeigen. Sie hat daran gearbeitet, um sich mehr dessen bewusst zu werden, wie lange sie redet und andere unterbricht, aber sie gibt zu, dass sie einen langen Weg vor sich hat.

Es gibt eine Stille, die unseren besten Möglichkeiten entspricht, wenn wir gelernt haben, anderen zuzuhören. Wir können die Kunst des Stillseins beherrschen, um in der Lage zu sein, deutlich zu hören, was andere sagen.

Eugene Kennedy

Die einfache Tat, still zu sein und zuzuhören ist eine der größten Herausforderungen für Menschen, die extrovertiert sind, viel Energie haben oder umtriebig sind.

Um das Prinzip der Stille wirksam zu nutzen, sollten Sie:

- ein paar Sekunden Pause machen, bevor Sie antworten;
- Schweigen als normalen Teil von Unterhaltungen akzeptieren;
- daran arbeiten, bei Unterhaltungen Rede- und Zuhörzeiten auszugleichen;
- zeitweilig den Blickkontakt unterbrechen, um es den anderen zu erlauben, sich in der Stille wohl zu fühlen.

Lassen Sie den Deckel drauf: Halten Sie die Gefühle unter Kontrolle

Gefühle sind wunderschön, solange sie nicht Ihren Verstand und Körper beherrschen.

Faith kam aus einer Familie, in der die Meinungen offen und direkt ausgedrückt wurden. Auseinandersetzungen wurden oft laut geführt und uferten aus, besonders beim Abendessen. Als Faith ins College kam und Lorettas Zimmergenossin wurde, hatte sie keine Hemmungen, Lorettas Kleidung und Frisur und sogar die Wahl ihres Freundes zu kritisieren. Als Jeannine, die Schlafraumaufsicht, Faith erzählte, dass sie Loretta gebeten hatte, ihr eine andere Mitbewohnerin zuzuteilen, war es für sie ein Schock. Faith mochte Loretta wirklich, und dachte, dass sie gute Freundinnen wären. Nach einigen Beratungsstunden erkannte Faith, wie ihre unverblümten Bemerkungen Loretta verletzt hatten, und sie versprach, sich zukünftig besser zu kontrollieren. Faiths Gewohnheiten waren aber so tief verwurzelt, dass sie sich zeitweilig vergaß und ihre Ansichten herausschwappen ließ. Frustriert wandte sich Loretta wieder an Jeannine. Jeannine überredete Loretta, den Wechsel ihrer Zimmergenossin noch einige Wochen zu verschieben und lieber an ihren eigenen Reaktionen gegenüber Faith zu arbeiten, als darauf zu warten, dass Faith ihre unverblümte Ausdrucksweise ändern würde. Es war zunächst schwierig, aber bald war Loretta in der Lage, ihre eigenen Reaktionen gegenüber Faith selbst zu kontrollieren und die Kritik an sich vorbeigehen zu lassen. Die beiden blieben schließlich Zimmergenossinnen und Freundinnen bis heute.

Wie Loretta haben es die meisten erlebt, dass uns die Gefühle überwältigen, wenn jemand uns oder etwas, das wir schätzen, kritisiert. Wir haben vielleicht ähnlich reagiert und versucht, die Person und/oder die Situation zu vermeiden oder ihr zu entkommen. Die Aggressiveren von uns haben vielleicht begonnen, an unmittelbare Reaktionen zu denken oder sich auf einen Krieg mit Worten vorbereitet. Keine von beiden Reaktionen ist auf lange Sicht sehr wirksam. Wenn Gefühle das Zuhören überlagern, beeinträchtigen sie nicht nur das Verstehen, sondern schädigen auch die Beziehungen. Nachfolgend einige Tipps, die Ihnen helfen sollen, Ihre Emotionen zu kontrollieren und den „Deckel draufzuhalten".

- Seien Sie sich im Vorfeld der Menschen und Themen bewusst, die Emotionen auslösen.
- Untersuchen Sie, warum Sie auf bestimmte Worte und Gedanken emotional reagieren.

- Widerstehen Sie der Versuchung, in die Defensive zu gehen.
- Machen Sie sich klar und erinnern Sie sich, dass der Sprecher für Worte andere Bedeutungen haben kann als Sie.
- Halten Sie sich mit Urteilen zurück, bis der Sprecher fertig ist.

Wenn Sie jemand anderen bei einer Auseinandersetzung gewinnen lassen, gewinnen Sie häufig beide. Wenn eines meiner Kinder sagt: „Du hast nie Zeit für mich", könnte mein Impuls sein, zu antworten: „Aber ich habe viel Zeit mit dir verbracht. Erinnerst du dich nicht, dass wir gerade erst gestern essen gegangen sind?" Ich habe jedoch herausgefunden, dass meine freiwillige Teilnahme an einer Auseinandersetzung nicht mehr bewirkt, als sie am Leben zu erhalten, indem ich sie mit Aufmerksamkeit füttere.
Manchmal ist die bessere Antwort: „Du hast Recht. Ich hoffe, dass wir ab jetzt mehr Zeit zusammen verbringen. Ich liebe dich so sehr."
Richard Carlson, Don't Sweat the Small Stuff with Your Family

Zeigen Sie Interesse

Unsere Aufmerksamkeit anderen zuzuwenden, ist eines der größten Geschenke, das wir geben können.

> Rebeccas Eltern verzogen sie als Kind. An ihrem dritten Geburtstag schenkten sie ihr ein Pony, und die Geschenke stürzten Jahr für Jahr nur so auf sie ein. Im Alter von zehn Jahren bekam sie Diamantohrringe, mit vierzehn ein Wassermoped, mit siebzehn eine Corvette und eine Eigentumswohnung, als sie aufs College ging. Viele Jungen fühlten sich nicht nur wegen ihres Geldes und ihres guten Aussehens von Rebecca angezogen, sondern auch, weil sie sich zurückhaltend und desinteressiert gegenüber ihren Versuchen verhielt, sie zu beeindrucken. Das war so lange der Fall, bis sie Kevin traf. Er kaufte ihr keine teuren Geschenke und prahlte nicht mit sportlichen Leistungen, Investitionen oder Karrierefortschritten. Was er machte, war, dass er Rebecca Fragen stellte und ihren Antworten aufmerksam zuhörte. Sein ehrliches Interesse durchbrach ihre Abwehr und ließ ihre

echten Gefühle zum Vorschein kommen. Kevin spürte die Wahrheit über sie. Ihre Eltern hatten sie ihr ganzes Leben lang mit materiellen Geschenken überhäuft, doch was sie im tiefsten Inneren ersehnte, war, dass ihr jemand das Geschenk einfühlsamen Zuhörens machte. Das war vor fünf Jahren, und nun bemühen sich Rebecca und Kevin sehr darum, nicht ihre eigene dreijährige Tochter zu verziehen.

Wenn alles andere nicht hilft, hören Sie zu! Das ist eine Lektion, die Kevin früh in seinem Leben gelernt hatte, und es hat sich ausgezahlt, als er seine Beziehung mit Rebecca aufbaute. In einer Untersuchung von 130 Paaren hat sich herausgestellt, dass der springende Punkt für eine lange Ehedauer ist, dass der Ehemann seiner Frau zuhört und ihren Einfluss anerkennt.[5]

Hören Sie dauerhaft zu

Eine andere Möglichkeit zur Stärkung von Beziehungen besteht darin, an anderen dauerhaft Interesse zu zeigen. Wenn wir von dem Gebrauch machen, was wir in Unterhaltungen gehört haben, zeigen wir, dass wir die Menschen genug schätzen, um uns daran zu erinnern, was sie gesagt haben. Verkäufer sind im dauerhaften Zuhören besonders versiert. Die meisten führen Kundenkarteien mit leicht abrufbaren Notizen für ihr nächstens Verkaufsgespräch. Erfolgreiche Verkäufer wissen, dass die Beibehaltung einer Verpflichtung zum dauerhaften aufmerksamen Zuhören Beziehungen stärkt. Gute Ehepartner haben ähnliche Lektionen gelernt.

Cody dachte, dass die Sonne über Belinda auf- und unterging. In ihrer fünfundzwanzigjährigen Ehe waren sie durch dick und dünn, durch Glück und Traurigkeit gegangen und hatten zahllose Scheidungen im Freundeskreis erlebt. Als sie bei ihrer Silberhochzeit nach dem Geheimnis ihrer Beziehung gefragt wurden, gaben beide dieselbe Antwort: Wir lieben einander genug, um uns noch zuzuhören.

Es ist leicht, zu Beginn einer Beziehung ans Zuhören zu denken. Da gibt es noch die Eroberung und das Erregende einer neuen Beziehung. Nachdem wir jedoch in unseren Beziehungen bequemer geworden sind, kann es sein, dass wir es versäumen, noch so aufmerksam zuzuhören. Am schwierigsten ist es, auch in harten, langweiligen und traurigen Zeiten zuzuhören. Diejenigen, die daran denken, weiterhin zuzuhören, scheinen auch in der Liebe glücklich zu sein!

Erinnern Sie sich an die Namen der Leute

Ein anderer Weg, um Interesse zu zeigen, ist, sich an den Namen eines neuen Bekannten zu erinnern, nachdem Sie ihm vorgestellt wurden, und ihn später im Gespräch mit Namen anzusprechen.

> David, der für seinen Lebensunterhalt Brücken und Wolkenkratzer baute, war Präsident einer erfolgreichen Baufirma und ein sozial engagierter Bürger. So perfekt er auch im Abschließen von Verträgen war, als Spendensammler für örtliche Wohltätigkeitsvereine war er noch erfolgreicher. Seine Geheimwaffe war seine Fähigkeit, den Leuten beim ersten Treffen das Gefühl zu geben, dass er sie wirklich mochte und sich um sie kümmerte. David hatte sich selbst darin geschult, dem Namen der Leute besondere Aufmerksamkeit zu schenken und sich, auch wenn er sie nur einmal gehört hatte, daran zu erinnern. Wenn er neue Bekannte beim nächsten Mal, wenn er sie traf, namentlich begrüßte, waren sie beeindruckt und fühlten sich wichtig. Dank Davids besonderer Fähigkeit, sich an die Namen der Leute zu erinnern und sie damit anzusprechen, entwickelten sich Beziehungen und die Spenden kamen zusammen.

Einige Tipps, die Ihnen helfen können, sich besser an Namen zu erinnern:

- Wiederholen Sie den Namen sofort, wenn Sie ihn gehört haben.
- Sprechen Sie den Namen innerhalb von dreißig Sekunden, nachdem Sie ihn gehört haben, aus.
- Verknüpfen Sie den Namen mit etwas Vertrautem oder mit jemandem Bekannten.

- Sammeln Sie Visitenkarten von Leuten, die Sie treffen, und sehen Sie sich diese später nochmals an.
- Schreiben Sie sich die Namen so schnell wie möglich auf, wenn Sie sie gehört haben.

Setzen Sie den Blickkontakt wirksam ein

Einige meinen, dass die Gefühle einzig durch die Augen enthüllt werden. Wie bereits erwähnt, ist der Blickkontakt einer der wichtigsten Schlüssel bei der Schaffung und Festigung von Beziehungen. Durch den Blickkontakt beobachten und analysieren wir auch Rückmeldungen, schauen nach „einladenden" Hinweisen, die uns wissen lassen, wann wir uns in Unterhaltungen einbringen können, zeigen Einfühlungsvermögen und Interesse und offenbaren unsere Gefühle. Aber nicht alle Arten von Blickkontakten führen zu günstigen Ergebnissen.

> Stanley hatte irgendwo gehört, dass Blickkontakt wichtig sei, um Freunde zu gewinnen und Leute zu beeinflussen. Er nahm sich den Rat zu Herzen und versuchte, in allen seinen Unterhaltungen von Angesicht zu Angesicht einen langen und durchdringenden Blickkontakt aufrechtzuerhalten. Er bemerkte jedoch, dass sich die Leute oft unbehaglich zu fühlen schienen, wenn er ihren Blick zu lange festhielt. Es fiel ihm sogar schwer, nach ersten Verabredungen zu weiteren Verabredungen zu kommen, wenn er seine Partnerin den ganzen Abend über buchstäblich anstarrte.

Stanley lernte durch Schaden, dass zu viel von einer guten Sache – sogar Blickkontakt – schlecht sein kann. Forscher haben herausgefunden, dass ununterbrochenes Hinschauen (ein starrer Blick) nicht unbedingt bedrohlich ist, aber normalerweise eine „Forderung nach einer Antwort anzeigt. In einer Situation, in der keine passende Antwort offensichtlich ist, ruft dies Spannung hervor, und der Betreffende trachtet danach, der Situation zu entkommen".[6] Der optimale Blickkontakt zwischen Zuhörer und Sprecher ist beständig, aber nicht gleichbleibend.

Wir müssen häufig genug Blickkontakt herstellen, um Sprechern anzuzeigen, dass wir interessiert sind und Anteil nehmen, aber nicht so viel, dass sie sich unbehaglich fühlen.

Erleichtern Sie anderen das Reden

Die meisten von uns haben schon einmal andere unterbrochen oder entmutigt, sodass diese nicht weitergesprochen haben. Die Zuhör-Technik des Spurhaltens ermutigt andere zum Weiterreden, während Sie zuhören. Spurhalten bedeutet, anderen zu helfen, in der Spur zu bleiben und weiterzureden. Einige nützliche Verhaltensweisen des Spurhaltens beinhalten Ermutigung durch Kopfnicken, guten Blickkontakt, konstruktive Nutzung von Redepausen und auf keinen Fall zu unterbrechen. Wenn wir jemanden anderen dazu bringen wollen, uns Informationen zu liefern oder zu äußern, was er denkt oder fühlt, kann uns beim Spurhalten helfen.

> Cathi war wissenschaftliche Mitarbeiterin einer medizinischen Einrichtung im Auftrag eines Forschungszentrums in Connecticut. Daniel, ihr unmittelbarer Vorgesetzter, hatte sie für einen Leistungsüberblick zu sich gerufen. Daniel begann den Überblick damit, indem er Cathi bat, ihre eigene Leistung während der vergangenen sechs Monate in Hinblick auf ihre gesetzten Ziele zu beurteilen. Als sie ihre Selbstbeurteilung begann, gab es einige längere und eher peinliche Pausen. Daniel wartete geduldig, bis sie fortfuhr, wobei er zustimmend nickte und einen guten Blickkontakt herstellte. Nach einiger Zeit entspannte sich Cathi und begann, sich besser auf die Bereiche zu konzentrieren, bei denen sie erkannte, dass sie ihre Ziele nicht erreicht hatte.

Daniels gute Spurhalte-Fähigkeiten gestatteten es Cathi, ihre eigenen Bedürfnisse zu erkennen, was ihren Überblick im Gegenzug viel effektiver machte. Daniels Versuchung, sich einzuschalten und das Gespräch an sich zu reißen, sobald eine Pause eintrat, war groß, aber er überwand sie.

Denken Sie daran, dass Sie, wenn Sie jemanden mit einem stockenden Gesprächsstil zuhören müssen, zu bald versucht sind, sich einzuschalten. Anderen ein wenig Umhertasten zu gestatten, während sie auf den Punkt kommen, kann frustrierend sein, aber es kann zu einer besseren Kommunikation und zu engeren Beziehungen verhelfen. Erinnern Sie sich an folgende Tipps, wenn Sie Spurhalten als ein Zuhör-Werkzeug anwenden:

- Vermeiden Sie Unterbrechungen.
- Zeigen Sie Geduld.
- Bleiben Sie sachlich.
- Zeigen Sie nonverbale Ermutigung durch Nicken und Blickkontakt.
- Verwenden Sie ermunternde Wendungen (z.B. „Weiter!“ und „Und dann?“).

Verwenden Sie Umschreibungen und Spiegelungen

Carl Rogers, der spätere berühmte Psychotherapeut, war einer der ersten, der den Wert des „empathischen Zuhörens“ im klinischen Rahmen erfasste und lehrte.[7] Er glaubte, dass Selbstakzeptanz und Verstehen unterstützt werden, wenn man noch einmal wiedergibt, was der andere gesagt hat (umschreiben), und was man glaubt, das er fühlt (spiegeln). Seine Konzepte des einfühlsamen und aktiven Zuhörens sind auch in alltäglichen Interaktionen wertvoll. Sie müssen kein Therapeut sein, um diese Arten des Zuhörens zu gewähren, oder ein Patient, um sie zu empfangen. Es handelt sich um wertvolle Werkzeuge in einer Vielzahl von Zuhör-Situationen.

Lesen Sie die folgenden Aussagen und überlegen Sie sich ein Wort oder mehrere Worte, um zu beschreiben, was der Sprecher sagt und was er fühlt.

- „Die Osterferien beginnen nächste Woche. Ich habe mich eigentlich darauf gefreut, die Zwillinge nach dem College wieder zu Hause zu haben, aber sie haben mich gestern Abend angerufen, um mir zu sagen, dass sie sich entschlossen haben, mit Freunden ans Meer zu gehen, anstatt nach Hause zu kommen.“

  Aussage: ______________________________

  Gefühl: ______________________________

- „Kennen Sie Brent Calloway? Er hat gerade seinen Doktor in Physik gemacht und war der erste in seiner Familie, der jemals auf das College ging. Ich war sein Berater an der Oberschule und habe ihm zu einem Stipendium verholfen."
  Aussage: ______________________________
  Gefühl: ______________________________

- „Wenn mich meine Frau noch eine Nacht mit ihrem Schnarchen wach hält, werde ich in der Garage schlafen. Ich bin so müde, dass ich mich bei der Arbeit kaum konzentrieren kann."
  Aussage: ______________________________
  Gefühl: ______________________________

- „Ich habe gerade erfahren, dass wir ein Baby bekommen. Wir haben drei Jahre lang versucht, ein Kind zu kriegen, und endlich haben wir gute Nachrichten für das nächste Familientreffen."
  Aussage: ______________________________
  Gefühl: ______________________________

Den meisten von uns fällt es leichter, den Inhalt dessen zu wiederholen, was andere sagen, als zu beschreiben, was sie fühlen. Trotzdem enthalten die obigen Aussagen entsprechende Beschreibungen der Gefühle Enttäuschung, Stolz, Frustration und Freude.

Umschreiben bestätigt, dass wir den Inhalt dessen behalten haben, was der Sprecher gesagt hat, indem es zeigt, dass wir aufgepasst haben. Als Zuhörer machen wir Gebrauch vom Umschreiben, wenn wir Botschaften klarstellen, indem wir sagen:

„Also Sie schlagen vor, dass wir bis nächste Woche warten, um ins Gebirge zu gehen.", oder: „Sie möchten, dass ich zum Treffen um 9.30 Uhr komme?" Wenn es uns misslingt, unser Verstehen zu überprüfen oder mit dem Sprecher zu interagieren, gehen wir das Risiko ein, Einzelheiten der Botschaft falsch zu interpretieren oder zu übersehen und das Vertrauen des Sprechers zu verlieren. Indem wir Fragen stellen, umformulieren oder zusammenfassen, was gesagt wurde, können wir sichergehen, dass die Botschaften richtig interpretiert wurden.

„Mein Gott, Vix ... Hör auf dich selbst! Nicht alles muss zu einer Karriere führen. Mir wäre Talent lieber als eine Karriere."
„Du meinst, eine Karriere, die sich auf dein Talent gründet?"
„Nein ... Ich meine nur, ein Talent zu haben."
„Aber worauf kommt es an?"
„Nicht bei allem muss es auf etwas ankommen. Einige Dinge sind einfach da."
„Das gibt überhaupt keinen Sinn."
„Die Hälfte von dem, was ich sage, gibt für dich keinen Sinn."
„Ich höre zu. Ich versuche zu verstehen."
„Nein, das machst du nicht. Du hast deinen Entschluss schon gefasst."
„Das ist nicht gerecht."
„Vielleicht ist es das nicht ... aber es ist das, was ich höre."

Judy Blume, Summer Sisters (1998)

Umschreibungsstrategien beinhalten:

- Mit eigenen Worten die entscheidenden Punkte zusammenfassen
- Die gehörten Gedanken oder Sätze für den Sprecher wiederholen
- Bei Verallgemeinerungen nach Einzelbeispielen fragen
- Wörter mit mehrfachen Bedeutungen erkennen
- Den Gesichtspunkt des Sprechers analysieren und sich darauf einstellen
- Das Verständnis mittels überprüfender Wendungen zu testen (z.B. „Wenn ich Sie richtig verstanden habe ..." „Sie meinen, dass ...?" „Sie schlagen also vor, dass ...?")

Nora Roberts liefert in einem Kapitel ihres Romans „Der innere Hafen" (Inner Harbour) ein ausgezeichnetes Beispiel von der Macht sowohl der Umschreibung als auch der Spiegelung. Phillip fängt an:

> „... da du die gute Tochter bist, gibt es da eine schlechte Tochter?"
> „Meine Schwester ist immer schwierig gewesen. Für meine Eltern ist sie sicherlich eine Enttäuschung gewe-

> sen. Und umso mehr sie von ihr enttäuscht wurden, desto mehr haben sie von mir erwartet."
> „Man hält dich für vollkommen."
> „Genau, und ich kann es nicht sein. Ich wollte es sein, ich habe es versucht zu sein, ich konnte es nicht sein. Was natürlich einem Misserfolg gleichkommt. Wie könnte es anders sein? Sie grübelte."[8]

Während Phillip zutreffend umschreibt, reagiert sie beteuernd und wird von seinem Verstehen ermutigt, sich mitzuteilen. Wenn wir mit derselben Passage aus dem *Inneren Hafen* fortfahren, sehen wir, wie Phillip effektiv durch Fragen nachbohrt, um ihre nichtverbalen Botschaften zu klären und so erfolgreich von der Umschreibung zur Spiegelung zu gelangen:

> „Was ist also passiert?", fragte er, als sie lediglich die Stirne runzelte.
> „Es ist eigentlich nichts. Meine Mutter ist gerade auf mich wütend. Wenn ich nachgebe und mache, was sie will ... na ja, ich kann es nicht. Ich kann es einfach nicht."
> „Also du fühlst dich schuldig, betrübt und traurig."
> „Und ich fürchte, dass es niemals wieder wie bisher zwischen uns sein wird."[9]

Indem er genau erkannte und ausdrückte, was sie gerade fühlte, spiegelte Phillip den emotionalen Gehalt von dem, was sie sagte. Die Spiegelung von Gefühlen ermutigt eine tiefer gehende Unterhaltung mit anderen. Wenn wir den emotionalen Zustand anderer genau aufzeigen, fühlen sie sich besser verstanden und kommen sogar dazu, sich selbst besser zu verstehen.

Es ist viel leichter, Schlüsselworte oder Wendungen zu wiederholen, um den Informationsgehalt zu überprüfen, als sich mit Gefühlen zu befassen. Durch Spiegelung vertiefen Sie die Vertrautheit einer Beziehung und erreichen den Kern von dem, was die Person sagt.

Als junges Mädchen lernte es Lacy, den gefühlsmäßigen Zustand anderer zu bemerken und scharfsinnige Fragen zu stellen. Innerhalb von Minuten hatten Fremde das Gefühl, als ob Lacy eine lang vermisste Freundin sei. Anstatt von sich selbst zu sprechen, hatte Lacy das Talent, andere dazu zu bringen, zu sprechen und Geschichten zu erzählen, die gewöhnlich nur für die engsten Freunde bestimmt waren. Danach nahmen diese Bekannten an, dass sie auch Lacy kannten.

Gefühle zu erkennen und entdeckt zu sein, kann allen Betroffenen Angst machen. Wenn andere spüren, dass Sie wissen, wie sie sich fühlen, fühlen sie im Gegenzug eine Spur von Erleichterung. Strategien der Spiegelung beinhalten:

- Sich fragen, was der Sprecher gerade fühlt
- Den Standpunkt des Sprechers analysieren
- Widersprüche in verbalen und nonverbalen Botschaften bemerken
- Den emotionalen Zustand des Sprechers beschreiben (z.B.: „Sie fühlen gerade ...“, „Ich spüre, Sie fühlen ...“ und: „Habe ich Recht, wenn ich sage, dass Sie fühlen ...?“)
- Sich einer zum Verhalten der anderen Person passenden Stimmlage und anderer nonverbaler Handlungen bedienen

> Die erste Pflicht der Liebe ist es, zuzuhören.
>
> *Paul Tillich*

Anmerkungen

1. S. Khan (1999): Psychologist offers travelers a friendly ear. *USA Today.*
2. J. Grisham (1998): *The Street Lawyer.* New York: Island Books S.240.
3. M. Imhof (1998): What Makes a Good Listener. Listening Behavior in Instructional Settings. In: *Journal of the International Listening Association,* 12, S. 81-105.

4. D. Staufer (1998): Yo, Listen Up. A Brief Hearing on the Most Neglected Communication Skill. In: *Harvard Management Update*, S.10-11.
5. S. S. Cohen (1999): You talk. He listens. *McCalls*, S. 52-60. J. Gottman (1999): *Why Marriage Succeed or Fail ... And How You Can Make Yours Last*. New York: Simon & Schuster.
6. L. A. Malandro, L. L. Barker and D. A. Barker (1989): *Nonverbal Communications*, 2. Aufl., Englewood Cliffs, NJ: Prentice Hall.
7. C. F. Rogers (1961): *On Becoming A Person*. Boston: Houghton Mifflin.
8. N. Roberts (1998): *Inner Harbor*. New York: Penguin, 74
9. Ebenda

8.
Sie hört ... er hört: Wie unterschiedlich Männer und Frauen zuhören

Der Grund, warum du mich nicht verstehst, Edith, ist, weil ich zu dir in Englisch spreche und du in Kauderwelsch zuhörst.

Archie Bunker, All In The Family

Al und Linda, die vor einigen Jahren geheiratet haben, besitzen ein bequemes Haus im Süden von Florida. Al, ein Baseball-Talentsucher, dem sein Beruf über alles geht, und Linda, eine Hausfrau, die die Beziehung eng und glücklich gestalten möchte, haben ein Problem. Al hört nicht zu, und Linda nimmt es persönlich. Um ihr Problem anzusprechen, ist das Paar damit einverstanden, einige Wochen lang für eine Folge der ABC 20/20-Sendung mit dem Titel „Reden gegen die Wand" auf Video aufgenommen zu werden.

Die Folge beginnt mit einigen kurzen und prägnanten Beispielen, die Linda dabei zeigen, wie sie versucht, Al zum Zuhören zu bewegen, während er abschaltet und nicht auf sie reagiert. Deborah Roberts, die Moderatorin der Folge, interviewt das Paar und bittet Al, auf das Video zu reagieren. Er war irgendwie überrascht, als er seinen Mangel an Reaktionen erkannte, aber er ließ kein Bedauern erkennen und versprach nicht, sich zu ändern.

Kittie Watson, Zuhör-Expertin und Mitautorin dieses Buches, wurde gebeten, in der Sendung aufzutreten und die Zuhör-Schwierigkeiten, mit denen das Paar konfrontiert war, zu bewerten. Al und Linda stimmten dann zu, das (in Kapitel 2 und 3 besprochene) Zuhör-Präferenzprofil auszufüllen, und Kittie analysierte ihre Ergebnisse. Wie Sie erraten können, waren ihre Präferenzen genau entgegengesetzt. Al war völlig handlungsorientiert, während Linda in höchstem Maße personenorientiert war. Nachdem ihre Unterschiede erörtert wurden, stimmte das Paar darin überein, dass sie versuchen würden, einander besser zu verstehen, und versprachen, ihre zwischenmenschliche Kommunikation zu verbessern.

Die 20/20 Folge liefert den Zuschauern kein klassisches Happyend. Nach einigen Wochen schaltete Al bei Linda immer noch mehr ab, als dass er zuhörte, und folglich war Linda immer noch frustriert. Um ihnen zu helfen, ihre Unterschiede zu erklären, wurde Dr. Richard Halley, ein Fachkollege, gebeten, seine Forschungen, die sich mit Geschlechtsdifferenzen beim Zuhören befassten, zu erörtern. Seine Arbeit und die zahlloser anderer Verhaltensforscher zeigt, dass es beim Zuhören einige übereinstimmende Geschlechtsunterschiede gibt.

Dieses Kapitel erklärt die unterschiedlichen Weisen, in denen Männer und Frauen zuhören. Es enthält auch einige praktische Vorschläge, wie man Zuhör-Barrieren zwischen den Geschlechtern überwindet. Es ist wichtig, daran zu denken, dass – auch wenn die Forschung spezifische Tendenzen nahe legen mag – immer individuelle Unterschiede zwischen Männern und Frauen bestehen, die nicht der Norm entsprechen.

Die größte Klage der Frauen über die Männer: „Sie hören nie zu."

Auf die Frage: „Welches Verhalten Ihres Partners stört Sie am meisten?" äußerten 77 Prozent der 4.500 weiblichen Befragten in Shere Hites Untersuchung über Frauen und Liebe: „Er hört nicht zu." Interessanterweise sagten 85 Prozent derselben Befragten, dass das Beste an ihren Freundschaften mit anderen Frauen sei, offen und ohne bewertet zu werden sprechen zu können.[1] Hites Ergebnisse bestätigen frühere Untersuchungen, wonach die glücklichsten Ehepaare diejenigen sind, die sich gehört und verstanden fühlen.[2]

Arlene betrat das Haus und hielt ihre Tränen zurück. Ihr Mann Skip, der sich darum bemühte, ein interessierterer Zuhörer zu werden, bemerkte, dass sie außer sich war, und fragte: „Es scheint, dass du am Rande der Tränen bist. Möchtest du mir erzählen, was passiert ist?" Seine Anteilnahme war genau das, was sie brauchte. Als sie zu reden begann, fing sie an, sich zu entspannen und fühlte sich Skip näher, als Monate vorher. Aber als sie gerade fertig war, Skip ihre Geschichte über die Auseinandersetzung in der Arbeit zu erzählen, fiel er in sein altes Muster zurück und sagte: „Arlene, du solltest Folgendes machen …"

Einer der Gründe, warum Frauen glauben, dass Männer nicht zuhören, ist, dass Männer, wenn sie jemanden anderen, und besonders Frauen klagen oder Gefühle von Unzufriedenheit äußern hören, oft den Drang verspüren, das Problem in Ordnung zu bringen. Die meisten Frauen haben viel lieber Männer und Frauen, die aufmerksam und einfühlsam zuhören, als dass sie versuchen, ihr Problem zu lösen.

Hören Männer und Frauen wirklich unterschiedlich zu?

Immer wenn wir unsere Zuhör-Workshops oder unsere Konferenzen beginnen, ist unvermeidlich eine der ersten Fragen an uns: „Hören Männer und Frauen wirklich unterschiedlich zu?" Unsere Teilnehmer haben viel Verwirrung, Frustration und Verblüffung in der Kommunikation mit dem anderen Geschlecht erfahren. Einige hoffen auch, dass wir ihre Beobachtungen bestätigen und festlegen, welches Geschlecht wirklich besser zuhört. Am allermeisten wünschen sich viele eine klare Strategie für ein besseres Verstehen und eine besser Kommunikation mit dem anderen Geschlecht.

Zur Erholung nach einer anstrengenden Woche las Buford den neuesten Roman von Tom Clancy und Cherry sah Funny Girl, ihr Lieblingsvideo. Obwohl ihr Sohn über Nacht sechs Freunde da hatte, erwarteten sie, abgesehen von der Frage nach einem Imbiss, nicht viele Unterbrechungen. Nach wenigen Minuten hörte Cherry ein Krachen und sah zu Buford, der sich nicht rührte. Da sie meinte, dass er mehr Eindruck als sie machen würde, bat Cherry: „Liebling, schaust du nach den Kindern?" Als

Buford nicht aufsah, hob sie ihre Stimme und sagte: „Buford, hörst du mir zu?“ Schließlich stieß Cherry Buford an und sagte: „Wie machst du das, dass du alles abschalten kannst?“

Bei ihrem Bemühen, die Unterschiede zwischen Männern und Frauen herauszuarbeiten, fragen Forscher häufig, ob die Unterschiede – falls es sie gibt – angeboren oder erlernt sind. Wenngleich Sie vielleicht auch schon ihre eigenen Folgerungen gezogen haben, behaupten Theoretiker, dass sowohl Männer als auch Frauen weibliches und männliches Zuhör-Verhalten zeigen können. Der Begriff „androgyn“ wird auf Frauen und Männer angewandt, die sowohl männliche als auch weibliche Verhaltensweisen offenbaren. Wenn auch die Literatur über kognitive Prozesse nahe legt, dass es angeborene Geschlechtsunterschiede gibt, glauben die meisten Verhaltenswissenschaftler, dass Geschlechtsdifferenzen beim Zuhören mehr von unserer kulturellen Sozialisation als von biologischen Prädispositionen beeinflusst sind.[3]

Entwicklungspsychologen, die den Geschlechtsrollen-Sozialisationsansatz vertreten, glauben, dass wir unser Zuhör-Verhalten schrittweise lernen. Wenn wir z.B. Neugeborene, Kleinkinder und Krabbelkinder bis zum Alter von 18 Monaten vergleichen, sehen wir bei ihren Hör- und Zuhör-Reaktionen nur geringe oder gar keine Geschlechtsunterschiede. Im Alter von zwei Jahren können Forscher jedoch Unterschiede nachweisen, die mit dem Geschlecht zusammenhängen.[4]

Victoria und Stanley, begeisterte und intelligente Kinder, unterbrachen während des Unterrichts andere Kinder, einander, und Frau Presley, ihre Lehrerin. Jedes Mal, wenn Victoria ohne Erlaubnis unterbrach, ging Frau Presley zu ihrem Pult und sagte: „Victoria, es ist nicht höflich, anderen ins Wort zu fallen.“ Wenn aber Stanley dasselbe Verhalten zeigte, ignorierte es Frau Presley und sagte: „Stanley, ich weiß, dass du viel zu sagen hast, aber die anderen sollen eine Gelegenheit haben, ihre Gedanken mitzuteilen.“

Unbewusst unterstellte Frau Presley, dass bestimmte Zuhör-Verhaltensweisen mehr mit dem einen als mit dem anderen Geschlecht zu tun haben. Die geschlechtsspezifische Sozialisation, die wir als Kinder erfahren, und die Stereotype, die wir als Erwachsene verwenden, beeinflussen die Art, wie wir zuhören.

Auf Geschlechterrollen beruhende Zuhör-Stereotype

Männer	Frauen
logisch	emotional
energisch	zurückhaltend
auf Konfrontation aus	entgegenkommend
weisungsgebend	subjektiv
konzentriert	ängstlich
ins Wort fallend	nicht unterbrechend
dominierend	unterwürfig
unaufmerksam	aufmerksam
wertend	kraftlos
egozentrisch	entgegenkommend
ungeduldig	fürsorglich
ausdrucksvoll	einfühlsam
defensiv	auf andere bezogen
	geduldig
	interessiert
	verständnisvoll

Wie hören Männer und Frauen zu?

Wenn Sie die folgenden Prinzipien lesen, sollten Sie sich an das erinnern, was wir bereits gesagt haben, nämlich, dass es für jede Regel Ausnahmen gibt. Wir haben uns entschlossen, die gut dokumentierten Zuhör-Unterschiede zwischen Männern und Frauen hervorzuheben. Diese Unterschiede zu erkennen wird Ihnen helfen, die Herausforderungen zu verstehen, denen sich sowohl Männer als auch Frauen ausgesetzt sehen, wenn sie miteinander kommunizieren. Jede kann als Vorteil und als Gelegenheit betrachtet werden.

Männer hören mit dem halben Gehirn[5]

Wenn wir die oben genannten Stereotype betrachten, bringen die meisten gutes Zuhören mehr mit Frauen als mit Männern in Verbindung. Frauen neigen häufiger als Männer dazu, sowohl verbale als auch nonverbale Hinweise zu beachten. Erstaunlicherweise gibt es dafür eine biologische Erklärung. Die Gehirnforschung, die die Verarbeitung von Information durch die Gehirnhälften untersucht, hat entdeckt, dass Männer beim Zuhören die Sprache mit der linken Gehirnhälfte verarbeiten, während Frauen dafür beide Gehirnhälften nutzen (Dieses Forschungsergebnis trifft für rechtshändige Männer und Frauen zu. Linkshänder weisen keine deutliche Gehirnhälften-Dominanz und -Verarbeitung auf). In der Tat haben weibliche Säuglinge eine breitere Verbindung zwischen der rechten und der linken Hälfte, was es den in Nervenimpulsen kodierten Informationen gestattet, sich mit Leichtigkeit zwischen den Hälften zu bewegen. Da Gefühle hauptsächlich in der rechten und Sprache in der linken Gehirnhälfte verarbeitet werden, können Männer Worte und Gefühle nicht so leicht und effektiv verbinden wie Frauen.

Linke Gehirnhälfte	**Rechte Gehirnhälfte**
Rationaler Lappen	*Intuitiver Lappen*
• Verarbeitet Informationen logisch	• Verarbeitet Informationen abstrakt
• Befasst sich mit Sprache	• Befasst sich mit räumlichen und visuellen Aufgaben

• Befasst sich mit mathematischem Denken	• Befasst sich mit musikalischen Aufgaben
• Befasst sich mit analytischem Denken	• Befasst sich mit gestalterischen Aufgaben

In einem unserer Interviews in den Medien haben wir beschrieben, wie Männer und Frauen Informationen unterschiedlich verarbeiten. Die Reporterin begann zu nicken und erzählte Folgendes:

> Nun verstehe ich mich besser. Gerade letzte Nacht waren mein Mann und ich auf einer Cocktailparty mit über hundert Leuten. Innerhalb einer Gruppe von Leuten war mein Mann in ein Gespräch mit meinem Chef verwickelt. Obwohl sie sich über unsere letzten Zuschauerzahlen unterhielten, wurde ich durch andere Unterhaltungen und Stimmen um mich herum abgelenkt. Als ich nach ein paar Minuten sagte, dass die Party zu laut sei und dass ich gehen wollte, sah mich mein Mann verwundert an. Er schien besser in der Lage zu sein, sich auf sein Gespräch zu konzentrieren, während ich gleichzeitig bei mehreren Gesprächen ein- und ausstieg.

Es scheint, dass Männer besser als Frauen in der Lage sind, Ablenkungen auszuschalten. Da Frauen in der Regel zur Informationsverarbeitung beide Gehirnhälften benutzen, werden sie leichter durch konkurrierende Botschaften abgelenkt als Männer, die sich zu einer bestimmten Zeit auf eine Botschaft konzentrieren können.[6] Zur Überprüfung dieser Annahme haben die Mitarbeiter von ABC 20/20 eine Untersuchung wiederholt, in der Versuchspersonen angewiesen wurden, einer von zwei Botschaften zuzuhören, die gleichzeitig verbreitet wurden. Die ursprüngliche Untersuchung fragte die Zuhörer nach dem Inhalt der übermittelten Botschaft und fand heraus, dass die Männer übereinstimmend besser als die Frauen abschnitten. Die Frauen wurden häufiger durch die konkurrierende Botschaft abgelenkt, während die Männer in der Lage waren, sie auszuschalten. Entsprechend widmen sich

Frauen in sozialen Situationen sowohl dem, was sie sehen als auch dem, was sie hören, während sich Männer in erster Linie an das Gehörte erinnern.

Frauen wird weniger aufmerksam als Männern zugehört[7]

Zahlreiche Studien haben die Wirksamkeit männlicher und weiblicher Redner und Moderatoren untersucht. Die Ergebnisse legen übereinstimmend nahe, dass sich die Zuhörer an mehr Informationen erinnern, wenn sie männlichen Rednern zuhören. Zudem berichten sowohl Männer als auch Frauen, dass sie lieber einem Redner als einer Rednerin zuhören.

> Elisa hatte vor, die erste Frau in ihrer Klasse zu sein, die Hauptgeschäftsführerin einer der 100 erfolgreichsten Firmen wurde. Mit Abschlüssen sowohl in Betriebswirtschaft als auch in Rechtswissenschaft hatte sie die Zeugnisse, die Erfahrung und die Motivation zum Erfolg. Nach ihrer ersten Teamsitzung auf der oberen Ebene war Eliza jedoch wütend. Sie war gut vorbereitet und machte einen Vorschlag, wie man die Verkäufe auf dem europäischen Markt steigern könne. Das aus acht Männern und zwei Frauen bestehende Team nahm ihre Vorschläge zur Kenntnis und ging zu einem anderen Tagesordnungspunkt über. Nach weniger als dreißig Minuten machte ihr Kollege Mickey dieselben Vorschläge wie Eliza, und jeder war davon angetan. Niemand erkannte ihren Beitrag an, und Mike bekam die gesamte Anerkennung für die Idee.

Regelmäßig wird uns von ähnlichen Situationen berichtet. Sie mögen sich fragen, warum das so ist. Einige der Unterschiede können darauf zurückgeführt werden, dass Frauen sanftere Stimmen haben und/oder in höheren Tonlagen sprechen und eine weniger direkte Kommunikation praktizieren (z.B.: „Glauben Sie nicht, dass ...?“; „Möglicherweise stimmen Sie nicht zu, aber ...“; „Ich weiß, dass das verrückt klingen mag ...“). Andere sind ein Ergebnis kultureller Stereotypen, wonach Männer mächtiger als Frauen sind. Glücklicherweise können diese Hindernisse mit Bewusstsein und Bemühen überwunden werden.

Männer verstehen das Wesentliche eines Gesprächs eher als den exakten Wortlaut[8]

Während Frauen dazu neigen, sich nach einer Unterhaltung genau an die Worte und Ausdrücke zu erinnern, behalten Männer – falls es die Situation nicht erfordert – nur die allgemeinen Gedanken. Es scheint, dass Männer im Verlauf von Unterhaltungen und Vorträgen die Fakten hören, ohne anderen Details Aufmerksamkeit zu schenken. Dies steht teilweise in Beziehung zu den Unterschieden, mit denen Männer und Frauen infolge dominierender Gehirnhälften Informationen verarbeiten. Betrachten Sie die folgende Unterhaltung:

> Was Gustav seiner Frau erzählen würde:
> „Ich habe heute deine Mutter gesehen."
> „Wo hast du sie gesehen?"
> „Im Lebensmittelgeschäft."
> „Oh, wirklich. Was hat sie gesagt?"
> „Nicht viel. Sie hat nur gefragt, wann wir rüberkommen und Vorräte für das Ferienwochenende auffüllen."

Was Gertrud ihrem Mann erzählen würde:
„Ich habe heute deine Mutter im Lebensmittelgeschäft gesehen. Sie hat eingekauft, um dem Ferienandrang zu entgehen, und wollte sichergehen, die Lieblingsspeisen ihrer Enkelkinder zu bekommen. Sie hat mich daran erinnert, mein spezielles Schokoladendessert vorzubereiten. Sie hat mich auch gefragt, wann wir rüberkommen. Sie hat mich daran erinnert, dass sie Spareribs macht und sie diese nicht so lange wie das letzte Mal beim Familientreffen auf dem Rost lassen möchte."

„Was hast du ihr erzählt?"

„Ich habe ihr gesagt, dass wir sie anrufen müssen, weil Jermaine am Samstagnachmittag arbeitet, Lovelace eine Probe mit der Band und du eine Verabredung mit einem Kunden getroffen hast."

Frauen stellen mehr Fragen als Männer

Wie in Kapitel 3 erwähnt, ist bei den Frauen die personenorientierte Präferenz häufiger als jeder andere Präferenztyp. Frauen benutzen Fragen, um Unterhaltungen anzufangen und aufrechtzuerhalten. Wenn Frauen eine Reihe von Fragen an andere richten, suchen sie normalerweise nach Möglichkeiten, Beziehungen zu ihnen aufzubauen. Leider beschleicht Männer dabei oftmals das Gefühl, dass Frauen, die viele Fragen stellen, sie mehr kontrollieren wollen, als Sorge und Anteilnahme zu zeigen. Tatsächlich hat sich in einer Studie, bei der Paare angewiesen wurden, ein Gespräch zwischen ihnen aufrechtzuerhalten, herausgestellt, dass Frauen fünf Mal so viel wie Männer fragen.[9]

> Die frisch vermählte Phyllis wollte ihrem Mann zeigen, wie sehr sie sich für seine Arbeit interessierte. Jeden Tag, wenn sie das Auto ihres Mannes kommen hörte, begann sie, sich Fragen auszudenken, die sie Peyton über seinen Tagesverlauf stellen wollte. Sobald er die Küche betrat, fragte sie nach seinem Heimweg, der Anzahl der Abschlüsse, die er gemacht hatte, welche Verabredungen er für den kommenden Tag geplant hatte und ob er dazugekommen war, in ihrem Lieblingslokal für das Abendessen zu reservieren. Peyton fühlte sich von Phyllis Fragen bombardiert und erdrückt. Bereits nach einem Monat Ehe ertappte er sich dabei, dass er sich vor dem abendlichen Ritual seiner Frau fürchtete. Er begann zu glauben, dass sie kein Vertrauen zu ihm hatte, und er beschloss, sie zu fragen, warum sie ihm so viele Fragen stellte.

Wenn auch das Zeigen von Interesse an anderen hilft, Beziehungen herzustellen und aufrechtzuerhalten, können Sie sehen, dass es klug ist, ihre Absicht, die Häufigkeit und den richtigen Zeitpunkt zu bedenken, bevor Sie eine Reihe von Frage stellen.

Männer in therapeutischen Berufen können bei der Interpretation von Gefühlen genauso geschickt sein wie Frauen[10]

Einige neigen dazu, eher die Vorstellung zu akzeptieren, dass Männer gefühllos und Frauen empfindsam sind, statt jede Person und jede Situation gesondert zu betrachten. Obgleich Forschungsarbeiten, beliebte Bücher und die persönliche Erfahrung nahe legen, dass Frauen aller Altersgruppen Gefühlslagen zutreffender als Männer interpretieren, können Männer lernen, ihre Effektivität zu verbessern. Frauen neigen dazu, Stimmungsschwankungen sofort wahrzunehmen, während Männer länger brauchen oder sogar irren können, feine verbale und nonverbale Hinweise zu erkennen. Pflegerische Berufe und Berufe, die Ausdruckskraft und künstlerisches Geschick erfordern, schulen Männer jedoch genauso wirksam oder sogar besser als Frauen, auf nonverbale Botschaften zu achten.

Neben der Krankenpflege haben viele männliche Berufstätige in Laufbahnen wie Psychiatrie, Sozialarbeit, Beratung, Lehr-tätigkeit und Seelsorge ausgezeichnete Fähigkeiten entwickelt, Gefühle und Empfindungen bei anderen zu erkennen und zu deuten.

Macht- versus Beziehungsthemen

Frauen hören aus anderen Gründen zu als Männer und haben unterschiedliche Kommunikationsziele. Nach Deborah Tannen reden Männer, um Macht zu schaffen oder aufrechtzuerhalten, während Frauen reden, um Beziehungen aufzubauen und zu pflegen.[11] In ähnlicher Weise zeigen Männer und Frauen unterschiedliche verbale und nonverbale Zuhör-Verhaltensweisen: Männer hören gewöhnlich auf eine Art zu, die ihnen hilft, ihre Macht zu bewahren, und Frauen hören zu, um ihre Beziehungen aufzubauen. Wenn die Ziele zwischen den Geschlechtern unterschiedlich sind, können wir das Gefühl haben, aneinander vorbeizureden.

> Letty hat für den ersten Abend in ihrem neuen Heim für Reg ein Abendessen bei Kerzenschein vorbreitet. Obwohl die Umzugskartons noch hoch aufeinander getürmt waren und ihnen der größte Teil des Auspackens noch bevorstand, wollte sie das Abendessen romantisch gestalten. Als der handlungsorientierte Reg in das voll gestopfte Esszimmer trat, runzelte er die Stirn und begann sofort davon zu sprechen, was als Nächstes getan werden musste. Er stand sogar während des Essens auf, um nach dem Inhalt in den nicht gekennzeichneten Kartons zu sehen. Die personenorientierte Letty versuchte, die Unterhaltung mehr in Richtung persönlicher Themen zu lenken, etwa, wie glücklich sie war, endlich in einem Heim zu sein, das wirklich ihnen gehörte. Reg ging entweder nicht darauf ein oder wies ihre Bemühungen nach vertrauter Unterhaltung ab. Er fuhr fort, während der gesamten Mahlzeit an ihrer Aufgabenliste zu arbeiten.

Hier handelt es sich zur besseren Verdeutlichung um ein klischeehaftes Beispiel. Es illustriert jedoch, dass Männer und Frauen oft auf verschiedenen Planeten (Mars und Venus?) zu leben scheinen, wenn es um Kommunikationszwecke und Zielsetzungen geht.[12]

Sind Männer oder Frauen bessere Zuhörer?

Frauen gelten im Allgemeinen als wirksame einfühlende und beziehungsorientierte Zuhörer, während Männer bei der Konzentration auf den Inhalt und bei der Beurteilung von Widersprüchen in Mitteilungen als überlegen angesehen werden. Obwohl es verführerisch ist, radikale Verallgemeinerungen über die Zuhör-Fähigkeiten beider Geschlechter anzustellen, lässt die Forschung nur auf wenige spezifische Bereiche schließen, in welchen ein Geschlecht das andere übertrifft, nämlich anderen entgegenzukommen, mit Ablenkungen umzugehen und andere zu unterbrechen.

Entgegenkommen

Frauen sind gewöhnlich darin besser als Männer, anderen die Bereitschaft zum Entgegenkommen zu zeigen. Es besteht die zutreffende oder vermutete Auffassung, dass Frauen eher als ihre männlichen Gegenspieler nach Möglichkeiten suchen, eine unmittelbare Konfrontation oder einen Konflikt zu vermeiden. In den meisten westlichen Kulturen werden Frauen üblicherweise als rücksichtsvoller, kooperativer, hilfsbereiter, empfindsamer, unterwürfiger und wohlwollender angesehen.[13]

> Alice arbeitete viele Stunden als Empfangsdame in einer Baumschule. Sie war die einzige weibliche Angestellte im Büro und ihre Kollegen schätzten sie sehr. Als Nash, ihr Chef, Probleme mit seinem halbwüchsigen Sohn hatte, hörte sie ihm bereitwillig zu und er konnte seine Frustrationen loswerden. Als Carlos, der Chefgärtner, am Rücken operiert werden musste, veranstaltete Alice eine Sammlung, um ihm Zeitschriften ins Krankenhaus zu schicken. Alice war in ihrer Arbeit fähig, aber keine außergewöhnliche Organisatorin oder schnelle Schreibkraft. Ihre Fähigkeit, sich um andere zu kümmern und ihre Unterstützung durch einfühlsames Zuhören anzubieten führte dazu, dass die Arbeiter in der Baumschule Alice für eine bessere Arbeitskraft hielten, als sie tatsächlich war.

Auf das obige Beispiel bezogen können Sie sehen, dass Entgegenkommen häufig ein geschätztes Merkmal von Freunden und Kollegen ist. Wenn jedoch eine Person dazu neigt, zu häufig nachzugeben, wird sie als jemand wahrgenommen, dem es an Einfluss, Glaubwürdigkeit oder Macht mangelt.

Mit Ablenkungen umgehen

Jungen lernen, mit dem Informationsüberfluss durch selektives Zuhören und dem Abschalten von Ablenkungen umzugehen. In der Tat behaupten einige Theoretiker, dass kleine Jungen im Kindergarten und in der Grundschule so viel

Aufmerksamkeit erhalten, dass sie es lernen, viel von dem, was sie hören, abzuschirmen. Da die meisten Lehrkräfte an der Grundschule weiblich sind, ist es auch wahrscheinlich, dass Jungen konditioniert sind, weibliche Stimmen leichter als männliche Stimmen abzuschalten. Das kann der Grund sein, warum in von Männern dominierten beruflichen Situationen Frauen nicht so sorgsam wie Männern zugehört wird.[14]

> Rob, der ursprünglich aus dem Nordosten kam, wuchs in einer schnell sprechenden, lebhaften Familie auf, während Carole, seine Frau, in einer entspannteren, lockereren südlichen Atmosphäre groß wurde. Vor kurzem entdeckte Rob die Folgen des Kommunikationsstils in seiner Familie, nämlich sich bei Unterhaltungen ein- und auszublenden. Rob arbeitete gerade in der Garage, als Carole kam und zu reden begann. Rob war auf sein Vorhaben konzentriert, gab aber Laute von sich, als ob er zuhörte. Er lächelte gelegentlich, nickte und machte sogar Geräusche wie „mhm". Nach ein paar Minuten sagte Carole: „Prima, ich bin froh, dass du es verstehst." Da sah Rob auf und fragte: „Was verstehe ich?" Frustriert stapfte Carole aus dem Raum.

Wer hatte bei dieser Unterhaltung einen Fehler gemacht? Die meisten würden zustimmen, dass Rob Schuld hatte, da er den Eindruck vermittelte, als ob er zuhörte. Aber betrachten wir Carole. Wenn sie direkter gewesen wäre, Robs Unaufmerksamkeit erkannt oder ihm mehr Anreiz zum Zuhören gegeben hätte, hätte er ihr wahrscheinlich mehr Aufmerksamkeit geschenkt.

> Colin und Tawanda arbeiteten in einem durch Trennwände abgeteilten Arbeitsbereich neben dreißig anderen Telefonverkäufern. Manchmal wurde der Geräuschpegel so laut, dass Mary Ann, die Marketing-Aufsicht durch den Flügel gehen und das nonverbale „sch"-Zeichen geben musste, um ihre Angestellten zur Ruhe zu bringen. Colin fragte sich oft, warum sich Mary Ann um den Lärm kümmerte, der ihn nicht im Geringsten störte. Er war in

der Lage, den Hintergrundlärm der anderen Telefonverkäufer auszublenden und seine Energie darauf zu konzentrieren, seinem potenziellen Kunden zuzuhören. Tawanda war auf der anderen Seite oft von Mary Ann frustriert, weil diese den Lärm so lange anwachsen ließ, bevor sie handelte. Wenn der Lärm zu groß wurde, verlor sie oft den Faden und konnte sich nicht an wichtige Informationen erinnern, die ihr potenzielle Kunden gegeben hatten.

Wie oben erwähnt, sind Männer in der Regel besser in der Lage, störende Ablenkungen zu ignorieren, während Frauen dabei mehr Schwierigkeiten haben.

Andere während der Unterhaltung unterbrechen

Bereits im Alter von drei Jahren unterbrechen Jungen Mädchen häufig. Diese Tendenz scheint mit zunehmenden Alter der Jungen nicht zu verschwinden. So zeigt z.B. ein Vergleich männlicher und weiblicher Mediatoren, dass Männer ihre Klienten doppelt so häufig als Frauen unterbrachen.[15] Die Ausnahme sind Frauen, die akademische Abschlüsse erreicht haben. In einer anderen Untersuchung übertrafen gut ausgebildete Frauen Männer hinsichtlich der Anzahl der Unterbrechungen im Gesprächsverlauf.[16]

Ellis und Marjorie standen im Konkurrenzkampf wegen einer Beförderung. Beide waren leitende Ingenieure einer Ölraffinerie in Sulphur, Texas. Ellis war ein handlungsorientierter Zuhörer und neigte dazu, die untergebenen Arbeiter zu unterbrechen, wenn er mit ihnen über technische Probleme sprach. Einige von ihnen waren dadurch frustriert und beklagten sich bei Clive, dem Verfahrensmanager der Raffinerie. Dagegen hörte Marjorie aufmerksamer zu und neigte dazu, den Arbeitern umfassende Erklärungen über die Angelegenheiten der Produktion zu geben, bevor sie sondierende Fragen stellte. Die Arbeiter gaben Clive Rückmeldung, dass Marjorie die fähigere Ingenieurin war. In diesem Fall hat Ellis Neigung zum Unterbrechen ihm die Beförderung gekostet.

Geschlechtsunterschiede können natürliche Unterschiede und Dispositionen hervorbringen, die sich auf Zuhör-Fähigkeiten auswirken. Da Zuhör-Verhaltensweisen in erster Linie im Verlauf des Sozialisationsprozesses erlernt werden, können sie wieder erlernt oder abgelegt werden, wenn man sich darum bemüht. Der Idealfall ist, das Beste aus den mit Ihrer Geschlechtszugehörigkeit verbundenen typischen Zuhörvorteilen zu machen; außerdem sollten Sie daran arbeiten, die häufig mit dem anderen Geschlecht verbundenen Fähigkeiten, die Ihre Zuhör-Fähigkeiten verbessern können, zu lernen.

Er sagt, sie sagt – aber keiner nimmt wahr, was der andere sagt.
Michael P. Nichols, Die wieder entdeckte Kunst des Zuhörens (The Lost Art of Listening)

Drei Strategien zur Verbesserung des Zuhörens zwischen den Geschlechtern

Da das meiste am Zuhör-Verhalten erlernt ist, ist es sowohl für Männer als auch für Frauen möglich, neue Fähigkeiten zu erwerben. Wie wir in Kapitel 6 gezeigt haben, können Zuhör-Gewohnheiten mit der richtigen Schulung, dem richtigen Anreiz und der richtigen Übung verändert oder verbessert werden. Wenden Sie folgende, zur Verbesserung der Zuhör-Qualität und der Beziehungen zwischen Männern und Frauen hilfreichen Strategien an:

1. **Bauen Sie nicht auf männliche und weibliche Stereotype über das Zuhören.** Wir haben vorher in diesem Kapitel einige kulturelle Stereotype hervorgehoben, die mit Männern und Frauen als Zuhörer zusammenhängen. Stereotype können nützlich sein, indem sie uns helfen, gute Vorhersagen darüber zu machen, wie sich Menschen verhalten und reagieren, aber viele Stereotype stimmen nicht und berücksichtigen keine individuellen Differenzen oder eine individuelle Verbesserung. Einige der negativen geschlechtsbezogenen Stereotype über das Zuhören, die wir überwinden müssen, beinhalten:

- Männer können Gefühle nicht beschreiben.
- Frauen handeln selten bestimmt.
- Frauen möchten anderen gefallen.
- Die Stimmen von Männern übermitteln Wissen.
- Die Stimmen von Frauen sind schwach und emotional.
- Männer sind unfähig zu engen oder fürsorglichen Beziehungen.
- Männer bemerken keine nonverbalen Hinweise.

2. **Lernen Sie, sich einzufühlen, und zeigen Sie Einfühlungsvermögen.** Beide Geschlechter haben die Fähigkeit, sich einzufühlen, aber wir neigen zu der Annahme, dass es Frauen leichter fällt. Wenn man Ihnen erzählt hat, dass Sie Schwierigkeiten haben, den Standpunkt anderer Leute zu verstehen, oder wenn Sie sichergehen wollen, dass Sie offen sind, um mehr über Empathie zu erfahren, sollten Sie die folgenden beiden, gleichermaßen wichtigen Schritte überlegen. Der erste Schritt besteht darin, einfühlsamer zu werden, indem wir in die Schuhe der anderen steigen und so wie die anderen denken. Der zweite ist, anderen Einfühlungsvermögen zu zeigen – eines der wichtigsten Werkzeuge beim Zuhören, um Beziehungen zu verbessern.

   Da es unmöglich ist, genau zu wissen, wie andere denken und fühlen, müssen wir zunächst auf die verbalen und nonverbalen Botschaften unseres Partners reagieren. Um anderen Empathie zu zeigen, ist es wichtig, sich eines aufrichtigen Tonfalls zusammen mit offenen nonverbalen Botschaften zu bedienen. Nachstehend finden Sie einige Wendungen, die Sie benutzen können, um einfühlsame Reaktionen einzuleiten, auch wenn Sie nicht wissen, wie er oder sie sich fühlt:

- Könnte es sein, dass ...
- Korrigieren Sie mich, wenn ich mich irre, aber ...
- Ist es möglich, dass ...
- Es scheint, dass Sie ...
- Ich habe den Eindruck gewonnen, dass ...
- Es hört sich an, als ob ...

Wenn Sie dann zuversichtlicher sind, die Gedanken und Gefühle Ihres Partners richtig verstanden zu haben, können Sie die folgenden Wendungen an den Beginn empathischer Reaktionen stellen:

- Sie denken, dass ...
- Von Ihrem Blickwinkel aus ...
- Sie haben das Gefühl ..., weil ...
- Ich höre Sie sagen, dass ...
- Sie stellen sich vor, dass ...

3. **Verändern Sie unwirksames Zuhör-Verhalten, das mit Ihrer Geschlechtszugehörigkeit zusammenhängt.** Gewöhnlich besteht unser erster Gedanke darin, andere dazu zu bringen, unseren Blickwinkel zu verstehen und ihr Verhalten zu ändern. Wie wir aber in Kapitel 1 ausgeführt haben, haben Zuhörer die Macht. Das bedeutet, dass Sie sich entscheiden können, unterschiedlich zuzuhören und gegen erwartete Stereotype und erlernte Verhaltensweisen anzugehen. Da wir andere nicht verändern können, müssen wir uns entscheiden, unser eigenes schlechtes Zuhör-Verhalten zu ändern. Die folgende Liste enthält die häufigsten Verhaltensweisen, die Männer und Frauen vermeiden sollten.

Männer sollten:

- vermeiden, andere zu unterbrechen.
- daran denken, dass Frauen dazu neigen, unausgesprochene Bedeutungen zwischen den Worten auszusenden.
- daran arbeiten, in Unterhaltungen Gefühle zu verstehen und zu interpretieren.
- nicht versuchen, sofort Lösungen anzubieten, wenn Frauen aufgeregt sind oder sich beklagen. Hören Sie erst zu.
- „wir" oder „uns" mehr verwenden als „ich" oder „mir".
- sich auf *personenorientierte* Zuhör-Präferenzen einstellen, wenn sie sich von Ihren eigenen unterscheiden.

Frauen sollten:

- sich bemühen, bestimmter zu sein.
- die Anzahl der Fragen beschränken, mit denen sie ihren Partner überfallen, wenn er nach Hause kommt.
- Geduld haben, wenn Männer dazu neigen, zu viel zu unterbrechen.
- vermeiden, zu viel emotionale Bedeutung in die verbalen und nonverbalen Botschaften der Männer hineinzulesen.
- sich nicht von Lautstärke und Volumen von Männerstimmen übermäßig beeindrucken oder einschüchtern lassen.
- sich auf *handlungs-, inhalts-* und *zeitorientierte* Zuhör-Präferenzen einstellen, wenn sie sich von Ihren eigenen unterscheiden.

Männer bauen Türme und Frauen knüpfen Netze.
Carol Gilligan: In A Different Voice

Anmerkungen

1. S. Hite (1987): *Women and Love.* New York: Alfred A. Knopf.
2. L. Navaran (1967): Communication and adjustment in marriage. *Family Process,* 6, S.173-184.
3. R. Boise, C. P. Hanley, D. Fansler, P. Shaughnessy and D. C. Dudek (1984): Generality of observational skill across verbal and nonverbal modes: Literature review and experimental test. *Journal of Nonverbal Behavior,* 8, S.172-186.
4. A. D. Wolvin, C. G. Coakley and K. K. Halone (1995): A preliminary look at listening development across the lifespan. *International Journal of Listening,* 9, S.62-83.
5. J. Wonder and P. Donnovan (1984): *Whole-brain Thinking: Working from Both Sides of the Brain to Achieve Job Performance.* New York; William Morrow. M. Bryden (1980): Sex differences in brain organization: Different brains or different strategies? *The Behavioral and Brain Sciences,* 3, S.230-231.

6. R. D. Halley (1975): Distractibility of males and females in competing aural message situation: A research note. *Human Communication Research,* 2, S.79-82.
7. P. Mindell (1995): *A Woman's Guide to the Language of Success.* Paramus, NJ: Prentice Hall; D. Tannen (1994): *Talking from 9 to 5.* New York: William Morrow and Company.
8. J. Gray (1994): *What Your Mother Couldn't Tell You and Your Father Didn't Know.* New York: Harper Collins.
9. S. Metts (1984): A reinterpretation of conversational dominance. Paper presented at the meeting of the Speech Communication Association. Chicago.
10. R. Rosenthal, D. Archer, M. DiMatteo, R. Koivumaki, J. Hall, P. L. Rogers (1974): Body talk and tone of voice: The language without words. *Psychology Today,* 8, S.64-68.
11. D. Tannen (1990): *Du kannst mich einfach nicht verstehen. Warum Männer und Frauen aneinander vorbeireden.* Hamburg: Kabel (Original: *You Just Don't Understand: Women and Men in Conversation.* New York: William Morrow 1990
12. J. Gray (1992): *Männer sind anders, Frauen auch.* Männer sind vom Mars, Frauen von der Venus. München: Goldmann (original: *Men Are from Mars, Women Are from Venus.* New York: Harper Collins 1992)
13. C. L. Berryman and J. R. Wilcox (1980): Attitudes toward male and female speech: Experiments on the effects of sex-typical language. *Western Journal of Speech Communication,* 44, S.50-59.; L. Sholoff and M . Yudkin (1993): *He and She Talk.* New York: Plume.
14. M. Booth-Butterfield (1984): She hears ... he hears: What they hear and why. *Personnel Journal* S.36-42.
15. C. Arnold and A. Clark (1996): Assessing listening behaviors of mediators in low and high coortientational accuracy settings. *International Journal of Listening,* 10, S.65-87.
16. C. W. Kennedy and C. T. Camden (1983): A new look at interruptions. *Western Journal of Speech Communication,* 47, S.45-58; L. R. Smeltzer and K. W. Watson (1984): Listening: An empirical comparison of discussion length and level of incentive. *Central States Speech Journal,* 35, S.166-170.

9.
Über die Generationen hinweg: Kindern, Jugendlichen und Älteren zuhören

Wenn die Leute nur ihre Zungen bei unangenehmen Dingen im Zaume halten würden, wie würden sich die Dinge von selbst verbessern.

E.F.Benson

Kleinen Kindern zuhören

Kinder haben besondere Zuhör-Bedürfnisse, je nachdem, ob wir ihre Eltern, Verwandten oder Bekannten sind. Ihre Sprechfähigkeit entwickelt sich in Schüben und Sprüngen und ihre Lernmotivation ist hoch. Sie wollen mehr sagen, als es ihre Worte und ihre Ausdrucksfähigkeit zulassen. Sie wollen und brauchen auch mehr Aufmerksamkeit, wenn sie versuchen, mit Erwachsenen zu kommunizieren.

> Mike wollte Miss Kirby, seiner Lehrerin in der ersten Klasse eine Frage stellen. Da sie am Pult eines anderen Kindes saß, sah Miss Kirby nicht, dass Mike seine Hand hob, oder sie hörte nicht, dass er sie ansprach. Als sie nicht antwortete, ging Mike zu ihr hin, nahm ihr Gesicht in seine Hände, drehte es zu sich und stellte seine Frage.

Was Mike in diesem Beispiel wollte, war „Zuhören mit dem ganzen Gesicht". Ein grundlegendes Prinzip bei der Kommunikation mit kleinen Kindern ist, ihnen volle Aufmerksamkeit zu geben und ihnen beim Zuhören das Gesicht soweit als möglich vollständig zuzuwenden. Wir müssen daran denken, Kindern mit unserem Gesicht und unseren Augen zu zeigen, dass wir ihnen Aufmerksamkeit schenken.

Es ist auch wichtig, das bestmögliche Zuhör-Vorbild für junge Leute um uns herum zu sein. Ob wir es wollen oder nicht: Wir werden Zuhör-Vorbilder für alle Kinder, mit denen wir in Kontakt treten. Wenn es Ihre eigenen Kinder sind oder Kinder, die wir oft sehen, dann beeindruckt sie unser Vorbild mehr, als wir uns vorstellen können. Behalten Sie im Gedächtnis, dass die Zuhör-Präferenzen, die Kinder bei ihren Eltern und Lehrern beobachten, ihre eigenen Präferenzen beeinflussen, wenn sie erwachsen sind.

ROSE IST ROSE von Pat Brady

Elias, ein allein erziehender Vater, sitzt mit seinem fünfjährigen Sohn Robin auf dem Boden im Arbeitszimmer. Robin schaut sich im Fernsehen eine Episode der Teletubbies an, die von einem Rabauken auf einem Spielplatz handelt. Elias liest die Zeitung. Robin ist unruhig und abgelenkt. Er verliert das Interesse am Fernsehen und rennt zu seinem Vater. Robin zupft an den Füßen seines Vaters, um dessen Aufmerksamkeit zu bekommen, und sagt: „Vati, ich mag Marjorie nicht."
Elias legt seine Zeitung beiseite, stellt den Fernseher leise, betrachtet seinen Sohn mit liebevollen Augen und fragt: „Ist etwas passiert, dass du sie nicht magst?"
Robin sieht zu Boden und scheint ein wenig frustriert und verlegen. Elias fügt hinzu: „Es ist in Ordnung, du musst nicht über sie reden, wenn du nicht willst."
Robin sieht aus, als ob er weinen möchte, und sagt schließlich: „Sie hat Miss Brown erzählt, dass ich etwas Schlimmes getan habe."
Elias behält einen freundlichen, nicht kritischen Gesichtsausdruck bei. „Hat Marjorie die Wahrheit erzählt, oder hat sie sich eine Geschichte ausgedacht?"

Robin fängt an zu weinen: „Vati, ich wollte Ginger nicht verletzen, aber als sie mich beschimpfte, schubste ich sie hin und sie wurde schmutzig."
Elias reagiert bestimmt, aber gelassen: „Ich bin froh, dass du mir von Ginger erzählt hast. Wir wissen beide, dass Schubsen nicht nett ist, und wir werden später mehr darüber reden. Das nächste Mal, wenn du Probleme auf dem Spielplatz hast, sagst du es mir gleich, wenn du heimkommst. In Ordnung?"
Robin nickte zögernd, umarmte seinen Vater, und sie sahen sich zusammen die Teletubbies an.

Wir können dieses Beispiel verwenden, um fünf besondere Zuhör-Tipps beim Gespräch mit kleinen Kindern zu beleuchten. Elias benutzte sie in seinem Gespräch mit Robin alle. Sie lauten:

1. **Halten Sie Blickkontakt mit den Kindern, wenn sie sprechen.** Blicken Sie auf sie mit nachsichtigen Augen, um ihnen beim Zuhören Anteilnahme zu zeigen. Wenden Sie ihnen beim Zuhören so viel als möglich das ganze Gesicht zu.
2. **Zeigen Sie Geduld, wenn Kinder darum kämpfen, etwas zu sagen.** Ihr Verstand ist voll gestopft mit neuen Wörtern und Gedanken, und sie brauchen ein wenig länger, um Sätze und Gedanken zu verbinden. Wenn Gefühle hinzukommen, kann es sogar noch länger dauern.
3. **Beseitigen Sie Ablenkungen so weit als möglich.** Legen Sie Zeitungen oder anderen Lesestoff beiseite, schalten Sie beim Fernseher den Ton ab, hören Sie auf, an Ihrem Computer zu arbeiten, wenden Sie sich von den ablenkenden Dingen ab und dem Kind zu.
4. **Seien Sie sich der Bedeutung bewusst, die Ihre Rückmeldungen und Ihre Reaktionen haben können.** Kinder sind Ihren Reaktionen – einschließlich der nichtverbalen Botschaften – gegenüber sehr empfindsam. Ihre Tonlage, Ihr Gesichtsausdruck, Stirnrunzeln oder Lächeln, all das beeinflusst die Art und Weise, in der ein Kind Ihre Reaktion interpretiert.
5. **Stellen Sie Fragen, um Interesse und Anteilnahme zu zeigen.** Unsere Fragen zeigen Aufmerksamkeit und Besorg-

nis. Formulieren Sie diese kurz und einfach. Fragen von Erwachsenen helfen Kindern auch, bessere Zuhör-Fähigkeiten zu entwickeln.

Jugendlichen zuhören

Wenn Sie Vater, Mutter, Verwandter, Lehrer, Freund oder Bekannter eines Jugendlichen sind, sind sie sich schmerzhaft der Schwierigkeit bewusst, den Kommunikationskanal offen zu halten. Da Teenager danach streben, unabhängiger zu werden, neigen sie dazu, sich von Unterhaltungen mit Autoritätspersonen, insbesondere den Eltern, abzuschotten. Die Strategien, die wir bei kleinen Kindern anwenden, sind bei Jugendlichen nicht immer erfolgreich. In der Tat können bei Teenagern Fragen und Blickkontakt sie tatsächlich davon abhalten, ihre innersten Gefühle und Gedanken mitzuteilen.

Caroline und Manny wussten, dass T. C., ihr fünfzehnjähriger Sohn, Anzeichen von Drogenmissbrauch erkennen ließ. T. C. zog sich zurück, schloss die ganze Zeit über sein Zimmer ab, hatte aggressive Rock-Poster an den Wänden befestigt und trieb sich mit einer Gruppe Jungen herum, die schon einige Male mit der Polizei Ärger gehabt hatten. Manny beschloss, dass er handeln musste. Er befahl T. C., für ein Gespräch von Mann zu Mann aus seinem Zimmer zu kommen. Manny ließ T. C. in seinem Arbeitszimmer schräg gegenüber am Schreibtisch Platz nehmen. Als T. C. zu Boden sah und den Blick abwandte, befahl Manny: „Schau mir in die Augen, junger Mann." Dann feuerte Manny eine Serie von Fragen und Anklagen auf ihn ab, auf die er von dem Teenager keine direkten Antworten erhielt. Bevor das Verhör vorüber war, rannte T. C. aus dem Zimmer und aus der Haustür. Manny fluchte und war völlig frustriert. Als er Caroline von seinem misslungenen Gesprächsversuch erzählte, sagte sie, dass sie es nochmals probieren wollte, wenn sie ihn am Morgen zur Schule fuhr.

Am nächsten Morgen nahm T. C. in seiner üblichen mürrischen Stimmung auf dem Beifahrersitz des Autos Platz und seine Mutter fuhr los. Caroline eröffnete das Gespräch, indem sie sagte, dass sie gestern T. C. und seinen Vater schreien gehört hatte und wissen wollte, ob es T. C. gut ginge. Sowohl Caroline als auch T. C. sahen geradeaus, sodass auf dem Jugendlichen kein Druck lastete, sofort zu antworten. Er murmelte etwas Negatives und Caroline antwortete nicht. Sie erinnerte T. C. lediglich daran, dass sein Vater ihn liebte und ihm helfen wollte, wenn er irgendwelche Probleme oder Sorgen hatte. Während der zehnminütigen Fahrt gab T. C. keine bedeutende Information über seinen Drogenkonsum von sich, aber er begann, über einige seiner anderen Aktivitäten zu sprechen.

Während der nächsten Woche gab die morgendliche Fahrt Caroline und T. C. die Gelegenheit, eine offenere Kommunikation aufzubauen, und schließlich gab T. C. zu, dass er einige unlösbare Probleme hatte und die Drogensache kam zur Sprache.

Ein Sonderbeitrag in USA Today belegte die Effektivität von Gesprächen im Auto zwischen Eltern und Kindern. 1 Der Autor hob hervor, dass Unterhaltungen im Auto bei heiklen Themen wie Sex und Drogen besonders hilfreich sind, weil Eltern und Jugendliche geradeaus schauen können und nicht bemerken, wenn der andere errötet. Der Artikel fährt fort, indem er darauf hinweist, dass die Zeit im Auto wichtig ist, weil der Zuhörer nicht „aus kann" und es weniger Ablenkungen gibt. Autoplaudereien können, wie geschäftliche Treffen, einige Zeit zum Aufwärmen benötigen, ein lockeres allgemeines Gespräch geht voraus, bevor man zu ernsthafteren Auseinandersetzungen gelangt.

Natürlich gehört das bloße Zuhören mit zum besten Nutzen der Fahrzeit. Wenn sie eine Gruppe Jugendlicher im Auto haben, können Eltern allein durch das Mithören ihrer Gespräche viel über Einstellungen, Aktivitäten und Sorgen erfahren. Indem sie sich in Gespräche einschalten, können Eltern in der Warteschleife bleiben und auch eine gute Vorstellung davon bekommen, welche Freunde für den Jugendlichen zum Herumhängen am besten sind.

Hier sind fünf zusätzliche Tipps, die Sie im Gedächtnis behalten sollen, wenn Sie Jugendlichen zuhören:

1. **Stellen Sie nicht zu viele Fragen.** Wenn Jugendliche glauben, dass Sie neugierig sind oder verhören, werden sie sofort zumachen.
2. **Seien Sie wählerisch, wenn Sie kritisieren.** Wie beim Ringen empfehlen wir Ihnen, sich zu vergewissern, wann es beim Kritisieren von Verhaltensweisen und Handlungen auf die Matte geht. Zu viele kritische Aussagen klingen nach Nörgeln und verlieren ihre Wirksamkeit.
3. **Verstärken Sie Versuche, sich gegenseitig zu informieren.** Da das vordringliche Ziel darin besteht, Kommunikationskanäle offen zu halten, sollten Sie daran denken, dass es wesentlich ist, dass der Jugendliche mit Ihnen redet. Verstärken Sie vom Jugendlichen ausgehende Gespräche, besonders solche, die eine negative oder sensible Information enthalten können.
4. **Seien Sie bereit zum Zuhören, wenn der Jugendliche reden möchte.** Die Wahl des richtigen Zeitpunkts ist alles. Wenn es für einen Jugendlichen wichtig ist, zu reden, dann ist es Zeit, Himmel und Erde in Bewegung zu setzen und sich die Zeit zum Zuhören zu nehmen. Wenn Sie sagen: „Jetzt nicht" oder „Ich bin später bereit", sagt das aus, dass Sie nicht verstehen, wie wichtig die Angelegenheit ist.
5. **Finden Sie Umgebungen, in welchen eine offene Kommunikation leichter ist.** Wie bereits besprochen, ist das Auto oft ein gutes Kommunikationsumfeld. Seite an Seite am Strand, auf einer Parkbank, auf einem Felsen oder neben einem Schwimmbecken können auch gute Umgebungen für die Kommunikation mit Jugendlichen sein. Einem Teenager am Küchentisch oder am Schreibtisch in Ihrem Büro zu Hause gegenüberzusitzen ist einem offenen Informationsaustausch nicht so förderlich, als nebeneinander oder ums Eck zu sitzen.

Älteren zuhören

Cissy saß ängstlich und in Tränen am Esszimmertisch ihrer Mutter. Die Behaglichkeit des Heims ihrer Kindheit schien weit zurückzuliegen. Was war mit ihrer Mutter passiert? Warum reagierte sie so abwehrend? Warum sprach sie von einer Stelle, die sie vor fünfzehn Jahren aufgegeben hatte?

> Cissy brauchte einige Monate, um zu erkennen, dass sich ihre Mutter im Anfangsstadium der Alzheimerschen Krankheit befand. Zuerst versuchte sie, die verwirrten Mitteilungen und Halluzinationen ihrer Muter zu berichtigen. Diese Versuche endeten in einer Steigerung der Erregung und Feindseligkeit ihrer Mutter. Nun sieht sie den Wert des Zuhörens anders. Anstatt ihre Mutter zu berichtigen, spielt Cissy bei den Fantasien ihrer Mutter mit. Als sie z.B. einmal ins Zimmer trat, erzählte ihr ihre Mutter, dass die Fenster offen seien und Vögel im Zimmer herumflögen. Anstatt zu sagen: „Mutter, im Zimmer sind keine Vögel und die Fenster sind zu", gab sie vor, die Vögel aus dem Zimmer zu scheuchen und das Fenster zu schließen.

Wenn es auch eine Herausforderung sein kann, Alzheimer-Patienten zuzuhören, trifft dies für richtiges Zuhören bei den meisten älteren Leuten nicht zu. Leider hat unsere Gesellschaft und haben insbesondere die Medien ein stereotypes Bild von den Älteren als schwerhörig, senil, verwirrt und geistig langsam gezeichnet.[2] Demzufolge fühlen sich viele besonders verlegen, wenn sie einen älteren Menschen in einem Pflegeheim, in einem Tagespflegezentrum oder in einem Wohnheim besuchen. Untersuchungen zeigen, dass selbst schwerhörige Senioren ihre Aufmerksamkeit im Verlauf eines Gesprächs steigern.[3] Mit Älteren zu kommunizieren und ihnen zuzuhören ist nicht annähernd so schwierig, wie man vielleicht denkt.

> Angel, der perfekte Sohn, zumindest in den Augen seiner Mutter, rief nach dem Tod seines Vaters jeden Nachmittag einfach zur Kontrolle an. Obgleich normalerweise kurz,

waren diese Gespräche der Höhepunkt ihres Tages, und wenigstens einmal wöchentlich fiel es ihr schwer, auf Wiedersehen zu sagen. Aus Angst, dass sie vergessen könnte, was sie ihm sagen wollte, trug sie ein kleines Notizbuch in der Tasche ihres Morgenrocks mit sich herum und notierte sich im Laufe des Tages Dinge. Auch nachdem sie meinte, alles gesagt zu haben, stellte sie oft noch eine Frage oder erzählte noch etwas über ihre Finanzen, ihre Enkelkinder, das Wetter oder über ihren nächsten Besuch. Oft sagte Angel wenig, aber er blieb in der Leitung und hörte einfach zu. Er wurde daran erinnert, wie wichtig es für ihn war, geduldig, interessiert und aufmerksam zu sein.

> Du brauchst für die Gefühle eines anderen nicht verantwortlich sein, du musst dir ihrer bloß bewusst sein und sie anerkennen.
>
> *M. P. Nichols, Die wiederentdeckte Kunst des Zuhörens (The Lost Art of Listening)*

Niemand von uns möchte sich gedrängt fühlen, aber Ältere sind oft besonders empfindlich, wenn sie schroff und respektlos behandelt werden. Es ist irritierend und beschämend, angeschrien, gedrängt und von oben herab behandelt zu werden und vorgesagt zu bekommen. Viele ältere Leute berichten über das Gefühl, dass sie behandelt werden, als ob sie unfähig und/oder Kinder wären.

Anregungen

Stellen Sie die beste Zuhör-Umgebung her, indem Sie:

- in normaler Lautstärke sprechen, auch wenn die betreffende Person ein Hörgerät trägt.
- große Versammlungen meiden, wenn die Person ein Hörgerät trägt; Geräusche im Umfeld machen es ihr oft schwer, Stimmen getrennt voneinander wahrzunehmen.

- in normalem Tempo sprechen und davon ausgehen, dass Sie die betreffende Person bitten wird, falls nötig, langsamer zu sprechen.
- so frei sind, der älteren Person die Hand zu halten, um ihr zu verdeutlichen, dass Sie zuhören.
- den Blickkontakt nutzen, um Interesse und Anteilnahme an dem zu zeigen, was sie sagt.
- aufmerksam zuhören, auch wenn sie die Geschichte schon mehrmals vorher erzählt hat.

Das Geschenk des Einfühlungsvermögens (Empathie)

Wenn wir mit Krankenhäusern zusammenarbeiten, werden wir oft gefragt: „Können Sie Mitarbeitern beibringen, empathischer zu sein, oder ist das etwas, mit dem man geboren wird?" Unsere Antwort auf beide Fragen lautet: „Ja". Ja, wir können Leuten helfen, zu lernen, einfühlsamer zu reagieren, und ja, einige Leute sind mit einer angeborenen Fähigkeit auf die Welt gekommen, sich mehr als andere einzufühlen.

Das Wort Empathie wird oft mit Sympathie verwechselt. Die von Kenneth Haugk gegründete Stefan-Bruderschaft konzentriert sich auf christliche Fürsorge. Die Stefan-Brüder werden mehr als 50 Stunden geschult und lernen, empathische Zuhör-Fähigkeiten anzuwenden. Diese Bruderschaft unterscheidet durch ein anschauliches Bild zwischen Empathie und Sympathie.

Stellen Sie sich eine gefühlsmäßig aufgewühlte Person vor, die in einer Lebenskrise am Boden zerstört ist. Ein Sympathie erweisender Wohltäter würde sich zu der betreffenden Person auf den Boden begeben und anfangen, ihre tiefen Gefühle zu empfinden. Der Wohltäter würde selbst ihren Schmerz kennen lernen. Jemand, der aber Hilfe mit Empathie anbietet, würde dagegen stehen bleiben. Dieser Wohltäter wäre in der günstigeren Lage, der Person am Boden zu helfen, hochzukommen und ihre emotionale Leiden zu überwinden.[4]

„Es ist nichts", sagte sie schniefend.
„Würdest du dein Herz öffnen?" (Möchtest du darüber sprechen?)
„Ich weiß nicht, warum ich dir die Dinge erzähle."
„Ich höre zu."

Dick Francis, Longshot

Robert Carkhuff hat in mehr als 25-jähriger Arbeit Empathie in Helferbeziehungen untersucht. In seiner Forschung hat er zur Feststellung der Effektivität der helfenden Reaktionen eine Reihe von Skalen getestet. Diese Skalen messen das Einfühlungsvermögen einer Person, ihre Wärme und ihre Rücksicht.[5] Die Reaktionen gegenüber anderen Menschen lassen sich entlang eines Kontinuums von „sehr effektiv" bis „sehr ineffektiv" anordnen. Das Ziel einer helfenden Interaktion besteht darin, beim anderen Vertrauen, Selbsterkenntnis und Verständnis aufzubauen. Eine effektive Antwort beinhaltet eine Mindesteinschätzung auf Ebene 3. Im folgenden Beispiel können Sie sehen, wie Antworten mithilfe der nachstehenden Tabelle eingeschätzt werden könnten:

Gruppenleiter: „Ich bin glücklich, diesem Team zugeteilt zu sein. Einige von Ihnen kennen mich, aber für die, die mich nicht kennen, möchte ich als teambildende Einführungsaktivität eine Vorstellungsrunde vorschlagen. Ich glaube, dass wir einander kennen lernen müssen, bevor wir lernen, einander zu vertrauen und als richtiges Team arbeiten. Eine meiner Erwartungen ist, dass wir wechselseitig voneinander abhängig arbeiten – wir müssen andere informieren und andere, die von unseren Entscheidungen betroffen werden, einschließen. Zu Beginn möchte ich von jedem von Ihnen einen Zwischenbericht für uns alle hören."

Rang	Beschreibung	Antwortbeispiel
Ebene 1	• Greift Leute an oder verletzt sie • Bringt Leute dazu, dass sie es bedauern, gesprochen zu haben	„Wir kennen einander schon und haben zur Zusammenarbeit keine Spielchen nötig."
Ebene 3	• Antwortet genau auf offensichtliche Gefühle und Inhalte • Liefert keine wertende Antwort	„Sie möchten, dass wir einen Termin für ein teambildendes Extra-Treffen festlegen und einen Zwischenbericht über unseren Teil des Projekts geben."
Ebene 6	• Bemerkt sowohl verbale als auch nonverbale Botschaften • Hilft einer Person, neue Einsichten und ein neues Selbstbewusstsein zu gewinnen • Erkennt Gefühle und Inhalte, die von den Leuten nicht bereitwillig ausgedrückt werden	„Sie freuen sich wirklich, Teil dieses Teams zu sein und wollen mehr als bisher dessen Ziel erreichen. Sie sind besorgt, dass wir auf alte Kommunikationsmuster zurückfallen, wenn wir unsere Rollen nicht klären und konkrete Verpflichtungen darüber eingehen, wie wir am besten zusammenarbeiten können. Sie möchten durch unseren Zwischenbericht gerne erfahren, was für Leute wir sind und was wir in das Projekt investieren."

Das Zeigen von Empathie ist eine wesentliche Zuhör- und Kommunikationsfähigkeit, die echte Fürsorge und Anteilnahme und echtes Interesse an anderen beweist.

Er kannte den genauen psychologischen Moment, an dem er nichts sagen sollte.

Oscar Wilde

Anmerkungen

1. N. Hellmich (1999): Car chats put families on the road to intimacy. *USA Today*, D-1.
2. C. G. Coakley, K. K. Halone and A. D. Wolvin (1996): Perceptions of listening ability across the lifespan: Implications for understanding listening competence. *International Journal of Listening,* 10, S.21-48.
3. W. A. Villaume and T. Reid (1989): An investigation of the relationships among listening ability, aging and the use of aligning actions in conservation. Paper presented at the International Listening Association, Atlanta, GA.
4. K. C. Haugk (1984): *Christian Caregiving as a Way of Life.* Minneapolis: Augsburg Publishing House.
5. R. R. Carkhuff (1983): *The Art of Helping.* Amherst, MA: Human Resource Development Press.

10.
Leih mir dein Ohr: Wie Sprecher Interesse und Aufmerksamkeit aufrechterhalten

Die meisten unserer Annahmen über Kommunikationspannen beziehen sich auf den anderen Kerl. Wir nehmen unseren eigenen Beitrag als selbstverständlich hin.

Michael P. Nichols, Die wieder entdeckte Kunst des Zuhörens (The Lost Art of Listening)

Vor einigen Jahren hörten wir zufällig einem Gesprächsteilnehmer an einem öffentlichen Fernsprecher am Flughafen zu.

> „Liebling, ich kann nichts dafür."
> „Nein, es hat keinen anderen Grund gegeben, dass ich nach New Orleans fliegen wollte."
> „Ich bin jetzt auf dem Heimweg und wir können darüber reden, wenn ich zurück bin."

Auf dem Rückweg zum Flugsteig bemerkten wir seine Frustration und fragten ihn, ob er einen schlechten Tag habe. Er sagte:

> „Sie glauben es nicht. Letzte Woche war meine Sekretärin nicht da, und deshalb habe ich meine eigene Reiseplanung gemacht. Ich bin heute morgen von Pittsburgh runter nach New Orleans geflogen. Als ich im Büro des Kunden war, habe ich gemerkt, dass ich eine Woche zu früh angekommen war. Ich habe gedacht, sie wollten, dass ich diese Woche komme. Als ich angerufen habe, um es meiner Frau zu erzählen, hat sie es mir nicht geglaubt. Jetzt glaubt sie, dass ich einen anderen Grund habe, hierher zu kommen … Nun habe ich nicht nur eine wütende Frau, sondern auch einen Chef, der mich umbringen wird!"

Ein alter Lehrsatz über Kommunikation lautet: „Wenn Botschaften missverstanden werden, werden sie genau so missverstanden, dass sie am meisten Schaden anrichten." Da das Zuhören vielschichtig ist, erkennen wir oft nicht, auf wie vielen Wegen anderen oder uns etwas Gehörtes oder Gesehenes entgehen kann.

Das ganze Buch hindurch haben wir die Kommunikation hauptsächlich aus der Sicht des Zuhörers betrachtet. Natürlich geben wir zu, dass die Zuhörer-Rolle nur die Hälfte jeder Kommunikation ausmacht. Die Frage nach der Verantwortung für die Effektivität der Kommunikation wurde von Kommunikationswissenschaftlern und Praktikern ausführlich debattiert. In unseren Workshops zeigen wir einen Ausschnitt aus dem Film *Ferris Bueller's Day Off*. Die Szene beschreibt zwei Lehrer, die vor einer Klasse ohne sichtbares Interesse an den Schülern reden. Die Kamera schwenkt durch den Raum und zeigt Schüler in verschiedenen Zuständen des Desinteresses, Tagträumens, Schlafens und des Vortäuschens von Aufmerksamkeit. Indem unsere Teilnehmer laut auflachen, drücken sie aus, wie sehr sie sich mit diesen Schülern indentifizieren. Wenn wir fragen: „Wer ist in erster Linie für den Kommunikationserfolg verantwortlich?", sagen die meisten Laien, dass der Redner die größte Verantwortung trägt. Die nachdenklicheren Antwortenden geben jedoch zu, dass Zuhörer wenigstens die Hälfte der Verantwortung des Kommunikationserfolges übernehmen sollten.

Es ist unsere Überzeugung, dass es auf der Welt besser zuginge, wenn beide, Sprecher und Zuhörer, bereit wären, mehr als die Hälfte der Verantwortung für erfolgreiche Kommunikation zu übernehmen. Denken Sie darüber nach. Wenn jeder Zuhörer und jeder Sprecher einverstanden wäre, Verantwortung für wenigstens 51 Prozent des Kommunikationserfolges zu übernehmen, würde es bei weitem weniger Kommunikationspannen geben. Da jeder zwischen Sprecherrolle und Zuhörer-Rolle wechselt, haben wir in unseren eigenen Interaktionen die Macht, unseren Teil der Verantwortung zu übernehmen.

Eine Möglichkeit, um mehr Verantwortung zu übernehmen, ist, zu lernen, wo Pannen beim Zuhören wahrscheinlich sind. Das folgende Zuhör-Modell, das WIBA-Modell[1], hilft genau aufzuzeigen, wo sich Pannen ereignen und Wege vorzuschlagen, auf denen wir ihnen als Sprecher und Zuhörer begegnen können. Wenn Sie aus der Perspektive des Zuhörers auf das Modell schauen, denken Sie über Wege nach, vom Sprecher aktiv Informationen höherer Qualität zu bekommen. Wenn Sie aus der Perspektive des Sprechers auf das Modell blicken, machen Sie sich Gedanken darüber, wie Sie dem Zuhörer helfen können, Ihre Information besser zu verstehen und zu beurteilen.

Das WIBA-Zuhör-Modell

In unseren Workshops beschreiben wir die Komplexität des Zuhörens mit dem WIBA-Zuhör-Modell – einem fortschreitenden vierstufigen Prozess – beruhend auf wahrnehmen, interpretieren, bewerten und antworten.

WIBA-Zuhör-Modell

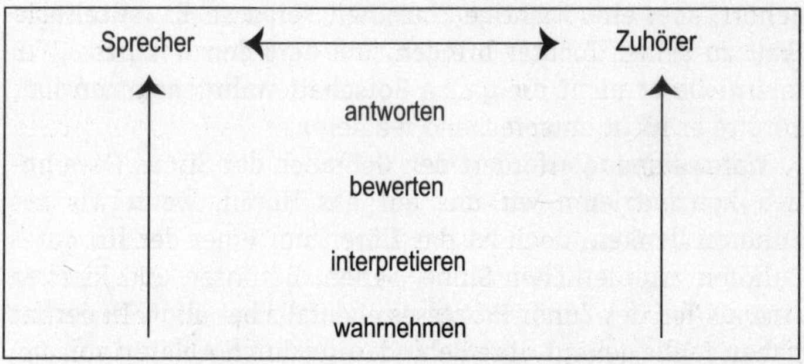

Wenn wir mit anderen kommunizieren, bewegen wir uns durch die WIBA-Ebenen. Wenn die Kommunikation erfolgreich ist, bildet sie eine Kommunikations-Brücke; Leute verstehen und werden verstanden. Unglücklicherweise ist eine gezielte Kommunikation bei Zuhör-Fehlern fast unmöglich.

Wahrnehmen: *Wahrnehmungen* prägen die Art, in der wir zuhören

Hunter hatte sich zum Fernsehabend niedergelassen, um sich die Montagabend-Footballspiele anzuschauen, als seine Tochter anrief. Anstatt den Fernseher abzuschalten und ihr seine ungeteilte Aufmerksamkeit zu schenken, drückte er den Lautstärke-Knopf, um keinen der viertelstündigen Spielausschnitte zu verpassen. Seine Tochter Erika erinnerte ihn daran, dass am Monatsende der 50. Geburtstag seiner Frau anstand. Sie sagte: „Vater, ich habe es mir so vorgestellt. Du kannst sie zum Abendessen zu mir bringen. Ich werde mich mit ihren engsten Freunden in Verbindung setzen, und wir überraschen sie. Ich richte das Essen her. Du musst nur den Kuchen holen. Wie klingt das?" Bei der Frage seiner Tochter setzte die Aufmerksamkeit ein, und Hunter sagte: „Ich hole den Kuchen." Am Geburtstag seiner Frau holte Hunter den Kuchen, den er bestellt hatte, und wartete auf seine Tochter, dass sie mit dem Essen herüberkäme.

In diesem Beispiel hat Hunter das meiste der Mitteilung gehört, aber eine wichtige Einzelheit verpasst. Er sollte seine Frau zu seiner Tochter bringen, um dort den Geburtstag zu feiern. Da er nicht die ganze Botschaft wahrgenommen hat, konnte er nicht entsprechend reagieren.

Wahrnehmung erfordert den Gebrauch der Sinne. Gewöhnlich konzentrieren wir uns auf das Hören, wenn wir ans Zuhören denken, doch ist das Hören nur einer der für gutes Zuhören erforderlichen Sinne. Sehen, Berühren und Riechen sind als Teil des Zuhör-Prozesses ebenfalls beteiligt. In der Tat haben Taube gelernt, ihre Behinderung durch Ablesen von den Lippen und intensives Riechen zu kompensieren und gehören als Folge davon mit zu den besten Zuhörern.

Wie in Hunters Fall im obigen Beispiel beginnen viele Zuhörer in guter Absicht mit konzentrierter Aufmerksamkeit, werden dann aber schnell abgelenkt. Wenn sie abgelenkt sind, erlauben Zuhörer unbewusst, dass etwas anderes ihre Aufmerksamkeit anzieht, und so können sie wichtige Informationen verpassen.

Mitunter kann eine frühere Erfahrung den Weg verzerren, auf dem eine Information wahrgenommen wird.

Martin lädt seinen Freund Robert, einen Busfahrer, den er viele Jahre nicht gesehen hat, in sein neues Haus ein und beschreibt ihm am Telefon den Weg: „... und dann biegst du von der Hauptstraße nach rechts ab, und da siehst du nach ein paar hundert Meter auf dem Feld einen alten Doppeldecker stehen. Dort biegst du dann nach links ab und fährst noch fünfhundert Meter weiter." Robert ist sicher, dass er zu Martin findet, doch als er wie angegeben abbiegt, sieht er nur ein altertümlich aussehendes stillgelegtes Flugzeug auf dem Feld stehen, an dem er vorbeifährt. Erst nach einigen Kilometern Irrfahrt wird ihm klar, dass er ganz automatisch von einem Doppeldecker-Bus ausgegangen ist, während Martin das Flugzeug gemeint hat.

Wahrnehmungsfehler reduzieren

Zuhörer können sich dabei helfen, effektiver wahrzunehmen, indem sie:	Redner können Zuhörern helfen, effektiver wahrzunehmen, indem sie:
1. *Aufmerksamkeit und Konzentration bündeln* Sich vornehmen, aufzupassen; sich vornehmen, sich nicht von Eigenheiten des Sprechers (wie „äh", zappeln oder Nervosität) ablenken zu lassen	1. *Etwas lauter als üblich sprechen*
2. *Ablenkungen entfernen oder reduzieren* Türen schließen, Rollos schließen, Fernseher ausschalten, sich so hinsetzen, dass man nicht der Versuchung unterliegt, aus dem Fenster zu schauen	2. *Ablenkungen/Unterbrechungen entfernen oder reduzieren*
3. *Sich auf den Sprecher zubewegen oder sich näher zu ihm zu setzen* Platz wechseln, Stühle umstellen, näher beinander stehen.	3. *Näher an den Zuhörer herangehen*

Interpretieren: Die meisten Zuhör-Fehler ereignen sich auf der *Interpretationsebene*

Kim, ein in Japan geborener Manager, und Nelson, der in den Vereinigten Staaten geboren ist, arbeiteten in derselben Firma. Normalerweise arbeiteten sie gut zusammen, aber kürzlich hatten sie eine Meinungsverschiedenheit darüber, wie Urlaub und Krankschreibungen innerhalb ihrer Abteilungen gehandhabt werden sollten. Schließlich fasste Nelson nach einer hitzigen Diskussion zusammen: „Also, Kim, arbeiten wir noch in paralleler Weise?" Langsam nickte Kim zustimmend mit dem Kopf. Im Verlauf der nächsten Woche beklagte sich einer von Nelsons Angestellten, dass Kims Abteilung eine nachsichtigere Krankschreibungspolitik verfolgte. Nachdem er Einzelheiten erfragt hatte, stürmte Nelson in Kims Büro und forderte: „Haben wir uns nicht geeinigt, in paralleler Weise zu arbeiten?" Kim sah verblüfft auf, hielt seine Hände in die Höhe, bildete damit parallele Linien und sagte: „Parallele Linien treffen sich nie." Nelson hatte geglaubt, dass sie einen Kompromiss gefunden hätten, während Kim zugestimmt hatte, dass sie nicht übereinstimmten.

Unabhängig davon, ob Wahrnehmungen richtig sind oder nicht, versuchen wir aus dem, was wir wahrnehmen, einen Sinn zu konstruieren. Dann ist die Wahrscheinlichkeit von Fehlern am größten. Ein Teilnehmer eines Workshops berichtete von einer schlimmen Konsequenz eines Interpretationsfehlers.

Ein Versorgungsbetrieb baute in einer ländlichen Gemeinde ein Kernkraftwerk. Weil sich die Bewohner über die Sicherheit des Reaktors besorgt zeigten, beschloss die Public-Relations-Abteilung, Führungen durch die neue Einrichtung anzubieten, bevor radioaktives Material vor Ort gebracht wurde. Die Gesellschaft gab in den Lokalzeitungen und bei den Radiosendern Anzeigen auf. In den ersten Tage danach hatte die Abteilung Dutzende von Anmeldungen für die Führungen erhalten. Nach dem dritten Tag sank die

Anzahl der Anrufe jedoch dramatisch ab, und im Laufe des vierten Tages rief niemand aus der Gemeinde an. Die Public-Relations-Abteilung entdeckte, dass ein Gerücht in Umlauf gesetzt worden war, wonach der Ort gefährlich sei. Bei der Aufklärung des Geschehens entdeckte sie, dass am zweiten Tag eine Frau wegen einer Führung angerufen hatte. Am Endes des Gesprächs sagte die Empfangschefin: „Sie müssen Schutzkleidung tragen." Bevor sie noch erklären konnte, was sie gemeint hatte, hatte die Frau aufgelegt. Die ängstliche Frau interpretierte „Schutzkleidung" als große gelbe Anzüge zur Abwehr radioaktiver Verseuchung. Hätte sie gewartet, um den Rest der Mitteilung zu hören, hätte man ihr erzählt, dass die Stelle offiziell noch im Bau war und Gäste aufgrund von Sicherheitsmaßnahmen Helme und festes Schuhwerk tragen mussten. Dieser Irrtum kostete den Versorgungsbetrieb Tausende von Dollars für neue Anzeigen und den Verlust von Vertrauen und Glaubwürdigkeit in der Öffentlichkeit.

Interpretationsfehler reduzieren

Zuhörer können sich helfen, effektiver zu interpretieren, durch:	Redner können Zuhörern helfen, effektiver zu interpretieren, indem sie:
1. *Den Redner um Beispiele bitten* Beispiele helfen, komplexe Gedankengänge zu verstehen.	1. *Sachbezogene und spezifische Beispiele verwenden*
2. *Den Redner bitten, Gedanken oder Begriffe zu klären* Achten Sie auf Wörter mit mehreren Bedeutungen.	2. *Die Zuhörer bitten, zusammenzufassen und zu umschreiben*
3. *Wörter wiederholen oder Gedanken umschreiben und mit dem Redner abklären* Dies gibt dem Redner über Ihren Kenntnisstand Aufschluss und ermöglicht ihm gegebenenfalls Richtigstellungen.	3. *Schwerpunkte wiederholen und zusammenfassen*

Bewerten: *Bewertung* erfolgt, bevor Mitteilungen vollständig sind

Wann bewerten Sie zuerst die Bedeutung dessen, was Sie hören? Warten Sie, bis der Sprecher seine Rede beendet oder formulieren Sie das große „Aber" fast sofort? Unsere Erfahrung legt nahe, dass viele Zuhörer von ihrer Macht, eine Entscheidung über den Wert von Informationen zu treffen sogar schon Gebrauch machen, bevor jemand zu sprechen beginnt.

In dem Film *Broadcast News*, der den Academy Award® gewann, bittet der Enthüllungsreporter Albert Brooks William Hurt, einen versierten Nachrichtenredakteur, um Rat, wie man Live-Nachrichten präsentiert. Bevor die Lehrstunde beginnt, sagt Brooks: „Ich weiß nicht, wie hilfreich dies sein wird, weil wir die Dinge so verschieden betrachten." Hurt antwortet: „Sicher tun wir das." Im weiteren Verlauf der Szene weist Hurt Brooks an, auf die Kamera zu schauen und sich auf seinen Mantel zu setzen, um eine bessere äußere Erscheinung abzugeben. Brook ignoriert ihn und schließlich steht Hurt auf und stopft die Zipfel des Mantels unter ihn. Erst als Brooks das Ergebnis sah, sagte er: „Fantastischer Tipp!"

In den meisten Fällen entscheiden wir zuerst, ob eine Information glaubwürdig ist oder nicht, und erst dann, ob sie wichtig ist oder nicht. Die meisten eilen einem Sprecher voraus und treffen voreilige Wertungen. Eines der dramatischsten Beispiele ist die Katastrophe der Raumfähre Challenger. Ingenieure haben offizielle Stellen gewarnt, dass die Dichtungsringe fehlerhaft waren und einer nochmaligen Kontrolle bedurften. Tragischerweise wurde die Information als nicht entscheidend genug beurteilt, um den Start zu verhindern. Erst später erbrachte eine gründliche Untersuchung, dass der Tod der Lehrerin Christa McCauliffe und der übrigen Besatzungsmitglieder durch eine andere Bewertung vermeidbar gewesen wäre.

Antworten: Der Prozess des Zuhörens ist nicht vollständig, bis eine *Antwort* erfolgt

Hank schaut bei einer Theaterprobe vorbei, bei der seine beste Freundin Callie ein Stück inszeniert. Er tritt lässig ein und erhält einen unerwartet kühlen Empfang. Callie erinnert Hank, dass er die Inszenierung versäumt hat, die er zu besuchen versprochen hat. In diesem Augenblick geht ihm ein kleines Licht auf, und Hank beginnt sich für sein Versehen zu entschuldigen. Anstatt zu fragen, warum Hank das Stück verpasst hat, nahm Callie an, dass er sie nicht genug schätzte, um sein Versprechen zu halten. In Wirklichkeit hatte er vergessen, es aufzuschreiben.

Beurteilungsfehler reduzieren

Zuhörer können sich selbst helfen, besser zu beurteilen, indem sie:	Sprecher können Zuhörern helfen, besser zu beurteilen, indem sie:
1. *Sich mit der Beurteilung zurückhalten, bis der Sprecher geendet hat* Es ist wichtig, über alle entscheidenden Informationen zu verfügen, um qualifizierte Beurteilungen abgeben zu können.	1. *Entscheidende Punkte verbal und visuell besonders hervorheben*
2. *Den Sprecher nach der Wichtigkeit von entscheidenden Punkten fragen* Stimmen Sie und der Sprecher bezüglich der relativen Wichtigkeit von Gedanken überein?	2. *Den Zuhörern helfen, zu verstehen, was sie vom Gespräch haben*
3. *Den Sprecher nach der Prioritäterforderlicher Handlungen fragen* Welche Punkte sind vom Blickpunkt des Sprechers aus am wichtigsten?	3. *Die Bedeutung der Botschaft durch die Verwendung „harter" Fakten (Statistiken, sachliches Beweismaterial, Expertenaussagen) betonen*

Wie der oben erwähnte Fall zeigt, ist auch eine unbeabsichtigte Reaktion eine Reaktion. Callie, die Zuhörerin, hat die Macht, zu entscheiden, wie sie die Botschaft interpretiert. Sie hätte anrufen können, um herauszubekommen, warum er sich nicht gezeigt hat oder überprüfen können, ob er die Zeit richtig verstanden hat, aber sie nahm – wie in diesem Fall – an, dass Hank ihre Freundschaft nicht genug schätzte, um zu kommen.

Dieser Punkt wird in einem kürzlich erschienenen „Dear Abby"-Brief betont:[2]

Lieber Abby,
letzten Sonntag hatte meine Frau Geburtstag; es war ihr erster seit unserer Hochzeit im April. Ich habe ihn nicht vergessen, aber die Situation ist so schlecht, als ob ich ihn vergessen hätte.

Etwa einen Monat früher sagte mir Beverly, dass sie ihren ersten Geburtstag als meine Frau mit mir allein verbringen wollte. Sie wollte nichts Besonderes – nur einen Tag mit mir und vielleicht ein schönes Abendessen.

Abby, das ist meinem Hirn total entfleucht! Ich habe die Initiative ergriffen und als aufmerksamer Ehemann (wie ich dachte) Vorbereitungen getroffen, um mit Beverly an diesem Tag zu ihren Eltern zu fahren. Nun, ihre Laune schien sich mit fortschreitender Tagezeit zu verdüstern. Als sie mir schließlich sagte, was sie ärgerte, fühlte ich mich schrecklich. Sie sagte, dass ich ihrer Bitte keine Aufmerksamkeit geschenkt hätte.

Ich würde diesen einen Tag gerne ungeschehen machen und neu beginnen, aber ich kann es nicht. Was kann ich tun, um es jetzt besser zu machen?

Ein reuiger Sünder in Wilmington, Dover

Die Wahrscheinlichkeit einer falschen Reaktion nimmt zu, wenn der Zuhörer nicht für das Handeln auf das, was er gesagt hat, verantwortlich ist. Wenn wir uns einer anderen Person zur Überbringung einer Botschaft bedienen, geben wir Macht und Verantwortlichkeit ab. Einer unserer Studenten erinnert uns an die irrtümlichen Reaktionen am Drive-in eines Schnellimbiss-Restaurants:

> Ich wurde gebeten, Sandwiches für meine MBA-Arbeitsgruppe mitzunehmen. Tara, ein Gruppenmitglied, das Majonäse hasste, wies darauf nachdrücklich hin. So gab ich die Bestellung auf und bat die Kassiererin, meinen Wunsch zu

wiederholen. Sie wiederholte: „Ein gegrilltes Geflügel-Sandwich ohne Majonäse, mit Senf." Als ich zurück war, nahm jeder sein Essen aus der Verpackung. Tara sah mich empört an, als sie ihr Sandwich öffnete und einen Klecks Majonäse fand.

In Schnellimbiss-Restaurants und an anderen geschäftlichen Schauplätzen ist oft mehr als eine Person für eine Bestellung verantwortlich. Wenn eine Mittelsperson dazwischen tritt, verlieren die Kommunizierenden Macht und Kontrolle über das Ergebnis aufgrund von Fehlern auf unterer Ebene wie dem Interpretieren, die oft durch die Weitergabe von einer Person zur nächsten entstehen.

Reaktionsfehler reduzieren

Zuhörer können sich selbst helfen, effektiver zu antworten durch:	Sprecher können Zuhörern helfen, effektiver zu reagieren durch:
1. *Aufzeichnungen machen und sorgfältig ablegen* Sich Aufzeichnungen machen ist das wichtigste Werkzeug des Zuhörers, um Information zu speichern und abzurufen.	1. *Eine schriftliche Gedächtnisstütze ausgeben*
2. *Vermeiden, zu rasch Schlussfolgerungen zu ziehen* Voreilige Reaktionen verursachen oft ungute Gefühle und Pannen zwischen Zuhörern und Sprechern.	2. *Positive und negative Folgen unterschiedlicher Zuhörer-Reaktionen/ Wahlentscheidungen erklären*
3. *Gesprächspartnern unmittelbare verbale Rückmeldung geben* Die Rückmeldung lässt den Sprecher wissen, dass Sie zugehört haben und hilft, Pannen zu vermeiden.	3. *Zuhörer bitten, Handlungen anzugeben, die sie durchführen werden*

Bei Kommunikationspannen hilft das WIBA-Modell festzustellen, wo sich der Zuhör-Fehler ereignet hat. Es ist eine fortlaufende Bewegung durch die Zuhör-Ebenen, und alle Schritte können sich im Bruchteil einer Sekunde ereignen. Wenn es uns misslingt, Botschaften richtig wahrzunehmen, gibt es wenig oder keine Chancen, dass wir ohne Pannen auf höhere Ebenen gelangen.

Einige Gedächtnisstützen für das WIBA-Zuhör-Modell

Das Wiba-Modell macht deutlich, dass Sie nicht alle Zuhör-Probleme wahrgenommen haben, wenn Sie eines wahrgenommen haben. Wir können das Modell verwenden, um Zuhör-Barrieren abzubauen, bevor sie zum Problem werden. Merken Sie sich folgende Punkte:

- Beim Wahrnehmen, Interpretieren, Bewerten und Antworten ergeben sich unterschiedliche Arten von Problemen.
- Was am besten ist, Zuhör-Probleme zu vermeiden oder zu überwinden, variiert auf jeder Ebene.
- Leute mit unterschiedlichen Zuhör-Präferenzen erleben Zuhör-Hindernisse auf unterschiedlichen Ebenen des WIBA-Prozesses.
- Versuchen Sie immer, Zuhör-Fehler auf der niedrigstmöglichen Ebene zu erkennen und zu korrigieren.
- Die meisten Fehler geschehen auf der Interpretationsebene und bleiben so lange unerkannt, bis es zu spät ist.

> Ich halte inne und koste meine Worte, bevor ich sie an meinen Zähnen vorbeilasse.
>
> *Anonym*

Wenn man die Anzahl der Ebenen betrachtet, auf denen Zuhör-Fehler geschehen können, ist es leicht zu verstehen, warum sich Kommunikationspannen ereignen. In gewisser Weise ist es erstaunlich, dass wir im Alltag so gut kommunizieren können. Wenn unser Ziel in der laufenden Verbesserung unserer Kommunikation besteht, benötigen wir die bestmöglichen Werkzeuge, um erfolgreich zu sein. Das WIBA-Modell ist eines der mächtigsten, über das wir als Sprecher und Zuhörer verfügen, um Zuhör-Pannen zu verringern und die Genauigkeit der Kommunikation zu verbessern.

Anmerkungen

1. Im englischen Orginal heißt dieses Modell PIER für: perceiving – interpreting – evaluating – responding. „Pier" steht im Englischen für Brückenpfeiler. Mit dem Zuhör-Modell soll eine Brücke zwischen Redner und Zuhörer gebaut werden. Ein entsprechendes Akronym lässt sich im Deutschen nicht bilden.
2. A. Van Buren (1998): Dear Abby. Universal Press Syndicate, D, S.1-2.

11.
Gewinnen durch Sich-Umhören: Feed-back geben und erhalten

Ich weiß, Sie glauben, dass Sie verstehen, was Sie denken, dass ich gesagt habe, aber ich bin mir nicht sicher, ob Sie erkennen, dass das, was Sie hören, nicht das ist, was ich gemeint habe.

Anonym

Der Begriff „Feed-back" hat in den letzten Jahren neue Bedeutungen erfahren. Ursprünglich bezog er sich auf akustische Reaktionen auf ein elektronisches Signal. Jetzt wird der Begriff überall verwendet, in Wirtschaft und Industrie ebenso wie in Kommunikationskursen und Workshops. Das Feed-back in einem Stromkreislauf dient dazu, den Kreis zu schließen. Feed-back oder Rückmeldung in Kommunikationssituationen bezieht sich ebenfalls darauf, den Kommunikationskreis zu schließen. In diesem Beispiel geht es um die Verbindung zwischen Sprechern und Zuhörern.

Eine der Schlüsselrollen, die Zuhörer spielen, besteht darin, genau und rechtzeitig Feed-back zu geben. Leider sind viele darin nicht geübt, eindeutig Rückmeldung zu geben. Rückmeldung geben und erhalten ist in der Geschäftswelt so entscheidend, dass Berater und Trainer Karriere machen, wenn sie Managern und leitenden Angestellten helfen zu lernen, effektiv Feed-back zu geben und zu empfangen. Das *Wall Street Journal* stellte kürzlich Mark Johansson, einen Betriebsberater der Damark Direct Sales Corporation vor, dessen Hauptaufgabe darin besteht, leitenden Angestellten zu helfen, „auf die Fähigkeiten und Führungsqualitäten der Leute zu schauen und darauf, wie sie verbessert werden können."[1]

Zuhören und Feed-back nehmen einen hohen Rang auf der Liste der Qualitäten ein, die Johansson für entscheidend hält.

Auch bei unserer Arbeit mit Managern und Führungskräften haben wir einen ausgesprochenen Bedarf für ein konzentriertes Training des Gebens und Erhaltens wirksamer Rückmeldung festgestellt. Weiterhin haben wir ein ähnliches Bedürfnis bei Paaren, Eltern und Freunden entdeckt.

Stefanovich, der Firmengründer, wurde angeregt, „Denk-Karten" einzuführen, weil sein Vater, eine Führungskraft bei Chevrolet, immer Zettel mit Anweisungen und Gedächtnisstützen mit sich herumgetragen hatte. Bei „Opus" sind sie eine Berechtigung, den Kollegen – einschließlich der Vorgesetzten – mitzuteilen, was Ihnen in den Sinn kommt. Vielleicht spricht jemand zu laut am Telefon oder spielt Günstling. „Denk-Karten sind das ideale Mittel, wenn man nicht ganz genau weiß, wie man es sagen soll", sagt Stefanovich. Sowohl unterschrieben als auch anonym, sind sie wirksam. Von langen Sitzungen frustrierte Mitarbeiter haben diese verkürzen können. Angestellte, die mit ihren Arbeitsplätzen im Großraumbüro unzufrieden sind, machen Druck für eine Neugestaltung. Und Stefanovich schwört, dass er versucht, langsamer zu sprechen.

Jeder der 27 Angestellten der Veranstaltungsagentur in Richmond erhält einen unbegrenzten Vorrat der roten Karten. Mitarbeiter legen sie auf Schreibtische, in Taschen oder in eine Schachtel am Empfang. „Jeder, der eine bekommt, sagt: ‚Menschenskind, ich habe etwas vermasselt'", erzählt Stefanovich. „Aber einer unserer Werte ist Achtung. Obwohl die Karten ehrlich sind, sind sie rücksichtsvoll."

Carol L. Dannhauser, Working Woman[2]

Warum uns Feed-back widerstrebt

Lauren tauschte mit Ben einige Monate lang E-Mails aus. Ihre Unterhaltungen waren zunächst harmlos und geschwätzig. Später wurden sie jedoch vertraulicher und anzüglicher. Ben fühlte sich zu Lauren hingezogen und fragte sie, ob sie sich treffen könnten. Gleich als sie seine Nachricht bekam, rief Lauren ihre beste Freundin Lizzie an und fragte sie: „Was soll ich tun? Du weißt, ich habe seit mehr als einem Jahr eine feste Beziehung mit Victor. Er weiß nicht einmal, dass ich online gewesen bin."

Was will Lauren in diesem Beispiel wirklich von Lizzie? Falls Lizzie als Laurens Gewissen handelt, kann sie für die Folgen gelobt oder beschuldigt werden. Lizzie kann es, wie den meisten von uns, widerstreben, Rückmeldung zu geben, wenn sie glaubt, dass die andere Person ihre eigenen Entscheidungen verantworten muss. Während es bei Kindern für die Eltern wichtig sein kann, einige Entscheidungen zu treffen, sind Erwachsene gewöhnlich für ihre eigenen Handlungen verantwortlich.

Zu anderen Zeiten geben wir kein Feed-back, weil wir es nicht für nötig halten. So halten beispielsweise einige Manager halbjährlich stattfindende Angestelltenversammlungen für Zeit raubende Plagen, besonders wenn die Abteilungsfunktionen reibungslos laufen. Weiterhin können es eher introvertierte Leute schwierig finden, Feed-back wirksam weiterzugeben, besonders wenn es das Überbringen schlechter Nachrichten beinhaltet. Dennoch haben Forschungsergebnissen zufolge Angestellte das Gefühl, dass sie kaum genug Rückmeldung über ihre Leistung erhalten, auch wenn diese negativ ist.[3]

Ein anderer Grund, warum manche daran scheitern, direkte Rückmeldung zu geben, ist, dass wir uns vor den Reaktionen des anderen fürchten. Einer Ehefrau zu sagen, dass sie besser aussehen würde, wenn sie fünfzehn Pfund verliert, einem Angestellten darauf hinzuweisen, dass er außerordentlich viele persönliche Anrufe bekommt, einer Kundin mitzuteilen, dass man ihren Auftrag verloren hat oder einem Studenten zu sagen, dass er nicht in die Baseball-Universitätsauswahl kommt, ist schwierig. Es ist sogar noch schwieriger, wenn wir die Reaktionen einer Person auf unser Feed-back bedenken. Einige ziehen sich zurück, andere werden zornig, schmollen, schreien oder schlagen verbal zurück. Wirksam Rückmeldung zu geben erfordert Geschick und Übung.

Wie man Rückmeldung gibt und erhält

Ohne Vorbereitung und Erfahrung fühlen sich die meisten am Anfang verlegen, wenn sie Rückmeldung geben. Die folgenden

Vorschläge sollen die Wahrscheinlichkeit erhöhen, dass Ihr Feedback gehört wird und es ihnen leicht fällt.

Nehmen Sie sich Zeit für die Vorbereitung

Planung hilft, Ablenkungen zu kontrollieren, die die Zuhör-Fähigkeit des anderen behindern können.

> Timothy, Leiter von Vertretern eines Dienstleistungszentrums, arbeitet in einem Großraumbüro. Ohne Wände und Türen, die Geräusche abhalten, neigen alle Angestellten dazu mitzuhören, was andere sagen. Weil er sich der Wichtigkeit bewusst ist, Rückmeldungen über Leistungen vertraulich zu geben, sah er sich nach einer anderen Umgebung um. Nun nimmt er die Angestellten zu einem Ausflug in seinem Lieferwagen mit, wenn er eine private Atmosphäre haben will.

Unfähige Zuhörer denken möglicherweise nicht an das Bedürfnis nach Privatheit oder daran, die Umgebung zu verändern. Gute Zuhörer stellen sich dagegen darauf ein, den Zuhör-Erfolg zu maximieren und bereiten auch das Geben von Feed-back vor, indem sie:

- falls nötig, die Umgebung verändern, indem sie einen ruhigen Platz zum Zuhören finden, Anrufe auf die Warteschleife legen, Türen schließen oder Fernsehgeräte abschalten.
- falls möglich, notwendige Materialien vor dem Treffen zusammenstellen.
- ablenkende Gegenstände wie Papier oder Gummibänder außer Reichweite legen.
- Barrieren entfernen, indem sie hinter einer Zeitung oder einem Schreibtisch hervorkommen.

Konzentrieren Sie sich auf eine momentane Verhaltensweise

> Brewer nahm eine Stelle als Golf-Berufstrainer im örtlichen Klub an. Seine erste Aufgabe war, mit einer Gruppe von fünf

jungen berufstätigen Frauen zu arbeiten, die noch nie in einem Golfklub gewesen waren. Er war zuversichtlich, da er selbst ein Golfspieler war, der ganz von vorne angefangen hatte. Er teilte an die Frauen lange Schläger aus und gab einige kurze Instruktionen. Dann bat er jede Frau, einen Schwung zu machen und gab ihnen folgende Rückmeldung:

„In Ordnung, verwenden Sie einen überkreuzten Griff, beugen Sie die Knie, richten Sie die Augen zum Ball hinunter, strecken Sie den linken Arm nach hinten und vergewissern Sie sich, dass Ihr linker Ellenbogen fest ist, wenn Sie zum Schlag schwingen."

Obgleich lernbegierig, waren die Frauen von so vielen einzelnen Informationen überwältigt. Frustriert platzte eine heraus: „Hören Sie auf! Ich kann nicht daran denken, so vieles auf einmal zu machen. Können wir nicht mit einer Sache zu einer Zeit beginnen? Nebenbei bemerkt: Was ist ein überkreuzter Griff?"

Das obige Beispiel lässt offensichtlich erkennen, dass Rückmeldung entmutigend sein kann. Um die Chancen zu erhöhen, dass Ihnen andere zuhören und das Feed-back nutzen, konzentrieren Sie sich zu einem bestimmten Zeitpunkt auf ein momentanes Verhalten. Anstatt einen Waschzettel mit Informationen zu liefern, sollten Sie sich auf das Wichtigste konzentrieren, besonders wenn die Rückmeldung der Verbesserung dienen soll. Erst wenn eine Person die Rückmeldung aufgenommen und angewandt hat, überlegen Sie sich, zusätzliche Information zu geben.

Seien Sie genau

Sie mögen sich vielleicht selbst sagen: „Ich bin nicht der Typ von Mensch, der Feed-back zurückhält; tatsächlich gebe ich es anderen die ganze Zeit über. Zwar loben wir diejenigen, die regelmäßig Rückmeldung geben, doch haben wir entdeckt, dass das meiste davon eher allgemein als spezifisch ist. Denken Sie über das Folgende nach:

Rolle	Allgemeine Rückmeldung	Spezifische Rückmeldung
Elternteil	„Gut gemacht!"	„Du hast gut daran getan, dein Bett zu machen, deine Kleidung aufzuhängen und dein Zimmer aufzuräumen. Ich habe das Vertrauen, dass du lernst, für dich zu sorgen."
Chef	„Ich mache es selbst!"	„Wenn Sie Fristen versäumen, denke ich, dass Sie meinen Wunsch nicht beachtet haben, und ich verliere das Vertrauen in Ihre Fähigkeit, ihre Aufgaben durchzuziehen."
Lehrer	„3+"	„3+. Um deine Note bei der nächsten Arbeit zu verbessern, solltest du: • Deine Arbeit sorgfältiger gliedern, indem du eine Einführung, Thesen und Schlussfolgerungen hinzufügst; • wenigstens vier Quellen zitieren; • nochmals zur Überprüfung lesen und nach Rechtschreibfehlern suchen."
Mitarbeiter	„Danke!"	„Danke für Ihr Angebot, mir bei der Vorbereitung der Broschüre für das Rundschreiben zu helfen. Ich fühlte mich überlastet und habe Ihre Unterstützung geschätzt."
Ehegatte	„Ist schon gut."	„Ich mag beide Lokale und wir haben lange Zeit in keinem davon gegessen. Entscheide du."

Geben Sie regelmäßig und gleich bleibend Rückmeldung

Vor nicht langer Zeit sagte einer unser Workshop-Teilnehmer: „Meine Frau weiß, dass ich sie liebe. Ich komme jeden Nachmittag nach Hause, oder?“ Für einige Ehegatten mag dies reichen, um sie wissen zu lassen, dass sie geliebt und geschätzt werden. Doch die meisten von uns wollen und brauchen mehr ausdrückliche und regelmäßige Bestätigung, wie es uns geht und/oder wie andere fühlen.

> Dr. Cribble, ein College-Professor an der New York Universität, bekam von seinen Studenten negative Bewertungen für den Kurs über Grundlagen der Komposition. Als die Fachbereichsvorsitzende untersuchte, was die negativen Bemerkungen veranlasste, entdeckte sie, dass Dr. Cribble bis zum letzten Kurstag versäumt hatte, die Noten von zwei von ihm festgesetzten Klausuren bekannt zu geben. Die Studenten waren frustriert, weil sie ihre Leistungen nicht kannten, als sie ins Abschlussexamen gingen.

In diesem Beispiel war die Rückmeldung am Ende des Semesters zu spät, um den Studenten zu helfen. Weil diese Art Feed-back in Collegekursen üblich ist, fügen viele Universitäten den Beurteilungen in der Mitte des Semesters Kursbewertungen hinzu. Eine zwischendurch stattfindende Rückmeldung kann dazu dienen, Kurse oder Lehrpläne in der zweiten Semesterhälfte zu modifizieren.

Geben Sie zeitlich passend Rückmeldung

> Lilleth, Beraterin an einer Mittelschule in Scottsdale, war die Vorsitzende des Lehrer-Beschwerdekomitees ihres Bezirks. Als Teil ihrer Verantwortung gegenüber dem Komitee hatte sie die unangenehme Aufgabe, Lehrern und Verwaltungsbeamten negatives Feed-back über ihre Leistungen zu geben. Sie lernte durch eine harte Schule, dass für eine Rückmeldung die Wahl des richtigen Zeitpunkts entscheidend ist. An einem Mittwochnach-

mittag im September setzte sie ihre erste Sitzung nach dem Unterricht an. Wie es sich herausstellte, war der Lehrer, dem sie unter anderem eine mündliche Verwarnung wegen chronischen Zuspätkommens bei Besprechungen geben musste, der Fußballtrainer der Unterstufe. Seine Spieler warteten vor dem Lehrerzimmer auf die Übungsstunde mit dem Trainer, als er in die Rückmeldungsbesprechung ging. Der Trainer verhielt sich gegenüber den Anklagen defensiv, und der Zeitdruck durch die wartenden Spieler war einfach zu groß. Er schrie Lillith an, als sie ihm die Befunde des Komitees gab und brach das Gespräch beleidigt ab. Obwohl er sich später entschuldigte, erkannte Lillith, dass die Wahl des Zeitpunkts schlecht war und legte die nachfolgenden Termine auf passendere und stressfreiere Zeiten.

Wir haben alle Rückmeldungen erhalten, die ungelegen oder peinlich waren und zu einem Zeitpunkt erfolgten, an dem wir wenig Energie zum Zuhören hatten. Beachten Sie folgende Richtlinien, wenn Sie den Zeitpunkt für Feed-back wählen:

- Seien Sie einfühlsam bezüglich Ihres Energieniveaus und dem der anderen Person.
- Wählen Sie eine ruhige und behagliche Umgebung aus.
- Überbringen Sie die Rückmeldung so knapp wie möglich.
- Wenn es viel ist, sollten Sie das Feed-back auf mehrere Sitzungen verteilen.

Lernen Sie von Kritik und negativer Rückmeldung

Unsere letzte Anregung konzentriert sich mehr darauf, Rückmeldung zu empfangen als zu geben. Effektive Rückmeldung zu geben ist hart. Feed-back bekommen, um zu lernen und zu wachsen, ist sogar noch härter!

Giuseppe arbeitete auf einer Werft im Hafen von Boston. Sein Vorarbeiter Millard bat ihn, sich mit ihm nach der Arbeit zu treffen, um etwas Wichtiges zu besprechen. Giuseppe erzählte seinen Arbeitskollegen von der Bitte,

und sie begannen alle, ihm gut gemeinte Ratschläge zu geben. Einer sagte zu ihm: „Halt den Mund und sag nichts." Ein anderer riet ihm: „Mach keinen Mist." Wieder ein anderer sagte: „Als der Vorarbeiter letzten Monat Jennie rief, gab er ihr die Entlassungspapiere."
Als das Treffen mit Millard begann, war Giuseppe wirklich aufgebracht. Er hörte mit halben Ohr zu, als ihm Millard von einem neuen Verfahren erzählte, und dass Giuseppe eine zusätzliche Ausbildung brauchte, um seine derzeitige Stelle zu behalten. Giuseppe überhörte den Punkt und sah die Ausbildung als Bedrohung seiner Arbeitsplatzsicherheit an. Er reagierte beim Treffen unpassend und verlor schließlich seine Arbeit.

Wäre Giuseppe in der Lage gewesen, das Treffen mit Millard als konstruktive Rückmeldung zu sehen, würde er noch im Hafen arbeiten. Wie Giuseppe sind viele von uns geistig und gefühlsmäßig nicht bereit, von einer Rückmeldung zu lernen, die als Kritik betrachtet wird. Nachfolgend einige Gedanken, die uns helfen können, aus einem negativen Feed-back zu lernen:

- Atmen Sie tief durch, wenn Sie anfangen, Spannung zu fühlen.
- Denken Sie nicht schlecht über die Person, die Ihnen die Rückmeldung gibt.
- Trennen Sie den Inhalt der Rückmeldung von der Person, die Sie Ihnen gibt.
- Denken Sie darüber nach, wie Sie es vermeiden können, denselben Fehler nochmals zu machen.

Entfernen Sie den Stillstand aus den Rückmeldungsreaktionen

Eine der irritierendsten Erfahrungen, auf die wir stoßen, wenn wir Einführungsreden und öffentliche Präsentationen abhalten, ist die Rückmeldung durch das Mikrophon. Das schrille Kreischen bringt die Zuschauer dazu, sich die Ohren zuzuhalten, Grimassen zu schneiden und/oder vor dem Geräusch zurückzuweichen. Etwas Ähnliches passiert, wenn wir unabsichtliche Bemerkungen machen, die jemand anderen verletzen, frustrieren, ärgerlich machen, verwirren oder in Verlegenheit bringen. Der Betreffende nimmt häufig eine defensive Haltung an und weicht vor Ihnen und Ihrer Mitteilung zurück. Die meisten sind erstaunt, wenn diese unerwarteten Bemerkungen Stillstand in unsere Beziehungen mit Ehegatten, Kindern, Kollegen und Freunden bringen.

Von Irene wurde als der Vorsitzenden ihres Fachbereichs erwartet, dass sie Meinungen der Fakultät, Vorschläge und Anregungen einholte, bevor die Fachbereichsberichte an die Verwaltung geschickt wurden. In letzter Zeit hatten die meisten Fakultätsmitglieder nicht auf Anfragen geantwortet und an Treffen nicht teilgenommen. Als sie die Professoren, die sie für ihre Freunde hielt, im Stich ließen, rief sie einen von ihnen zu Hause an.

„Jacob, hier ist Irene. Ich möchte wissen, ob Sie ein paar Minuten Zeit zum Reden haben. Es gibt einige Dinge, die ich gerne mit Ihnen besprechen würde."

„Sicher, kein Problem, ich gehe nur mit dem Telefon ins andere Zimmer." Als Jacob wieder am Apparat war, begann Irene: „Ich wollte mit Ihnen schon in den letzten Wochen sprechen, aber es hat mir wegen unserer Freundschaft widerstrebt. Wenn Sie nicht auf meine Fachbereichsersuchen reagieren, unsere Treffen versäumen und es verschieben, die Klassen der neuen Fakultätsmitglieder zu beobachten, fühle ich mich frustriert, weil wir Ihre Beiträge brauchen, um die besten Entscheidungen für den Fachbereich zu treffen ..."

Bis zu diesem Punkt stimmte Jakob mit Irene überein und fühlte Bedauern für sein Verhalten während der letzten Monate. Er sagte, dass es ihm Leid tat. Irene fühlte sich wegen des Verlaufs der Unterhaltung gut und fuhr fort: „Ich halte Sie für meinen Freund, und ich habe für Sie Dinge getan, die ich nicht für irgendjemanden anderen mache. Ich habe sogar den Dekan gebeten, Ihnen eine Gehaltserhöhung zu geben, und mich für Ihre Bitte nach einem neuen Computer für das kommende Jahr eingesetzt und nun lassen Sie mich im Stich." An diesem Punkt sträubte sich Jacob und wehrte ab. Irene erkannte nicht, dass sie gerade einen Nerv getroffen hatte. Es war eine Sache, ein bestimmtes Verhalten, das Irene frustrierte, hervorzuheben, aber es war eine andere Geschichte anzudeuten, dass er eine Gehaltserhöhung oder einen Internet-kompatiblen Computer nicht verdiente.

Irene wurde durch Jacobs abwehrendes Verhalten irritiert. Sie glaubte, dass sie ihre Unterstützung für Jacob zeigte, aber er fasste ihre Reaktion vollkommen anders auf. Was hätte sie anders tun können, um seine negative Reaktion zu vermeiden?

Es ist manchmal schwierig zu wissen, wie andere unsere Worte interpretieren werden, und es gibt viele Gelegenheiten und Situationen, in denen wir uns nicht wohl fühlen. Es gibt eine große Anzahl von Ratgebern, die Ihnen zeigen, was man bei verschiedenen geschäftlichen und gesellschaftlichen Treffen sagen kann.[4] Haben Sie nach einem Rendezvous oder einem Bewerbungsgespräch jemals gesagt: „Ich wünschte, ich hätte das nicht gesagt"? Häufig ergeben sich die schwierigsten Situationen für angemessenes Reagieren bei emotionalen Lebensübergängen und Krisen wie einem Todesfall in einer Familie, einer Ehescheidung, wenn jemand seine Stelle verliert oder wenn bei einem Freund eine lebensgefährliche Krankheit diagnostiziert wird.

In Zeiten von emotionalem Stress ist es am besten, glatte und automatische Reaktionen zu vermeiden. Bedenken Sie die *Gefahren*, die mit den folgenden Sätzen verbunden sind:

- Ich weiß, wie Sie fühlen.
- In ein paar Wochen sieht es schon besser aus.
- Alles liegt in Gottes Hand.
- Sie sollten das nicht so fühlen.
- Seien Sie froh, dass das nicht letztes Jahr passiert ist.
- Lassen Sie sich erzählen, was mir passiert ist.

Stattdessen können gute Zuhörer:

- Fragen, wie sich die Person fühlt und dann ihrer Reaktion Aufmerksamkeit schenken.

- Auf widersprüchliche verbale und nichtverbale Botschaften achten.
- Fragen ehrlich und direkt beantworten.
- Wirksame begleitende Verhaltensweisen beim Zuhören zeigen.
- Sich geduldig Geschichten anhören, die sie zum ersten oder hundertsten Mal gehört haben.

> Als ich mich um den Gouverneursposten bemühte, glaubte niemand, dass ich gewinnen könnte. Aber ich habe niemals versucht, zu verbergen, wer ich bin, bei Gesprächen, Reden und bei was auch immer, und die Leute kamen und wählten in Rekordzahlen. Aber ich glaube auch, Zuhören ist genauso wichtig wie Reden. Es ist interessant: Wenn Sie ein guter Zuhörer sind, machen Ihnen die Leute oft das Kompliment, dass Sie ein guter Unterhalter sind.
>
> *Jesse Ventura, Gouverneur von Minnesota (ehemaliger Berufsringkämpfer)*

Drei Feed-back-Strategien, um mit anderen zurechtzukommen

Wie wir bereits sagten, neigen Zuhörer auch ohne bewusstes Bemühen dazu, die Ergebnisse von Gesprächen zu kontrollieren. Verständnis und der taktische Einsatz von Feed-back erlaubt es motivierten Zuhörern, ihre Zeit und die Interaktionen mit anderen zu handhaben. Wirksam eingesetzt, geben Ihnen diese Techniken mehr Kontrolle, während Sie laufende Beziehungen aufrechterhalten. Die drei Techniken – *Dämpfen, Steuern* und *Abblocken* – helfen Ihnen, zu lernen, wie man Rückmeldungen nutzt, um mit anderen zurechtzukommen.

Dämpfen. Diejenigen, die Klavierstunden gehabt haben, erinnern sich an unsere Lehrer, die uns die Funktion des Dämpfers erklärt haben. Das getretene Pedal hindert die Klaviersaiten am weiteren Vibrieren. Als Auswirkung werden die Schallwellen am Weiterschwingen gehindert und der Klang wird plötzlich zum Verstummen gebracht. Diejenigen ohne Klaviererfahrungen haben sicher den Ausdruck gehört, dass jemand

„einen Dämpfer setzt“, was darauf hinweist, dass er selbst nicht sehr lustig oder zu steif ist, um ein wenig Spaß zu haben.

Die Vorstellung des Dämpfens kann auch als wirksames Werkzeug für die Rückmeldung dienen. Wenn wir als Zuhörer in eine Unterhaltung oder Debatte mit anderen verwickelt sind, die sich hochgradig emotional, allzu lautstark oder einfach aufgeregt gebärden, können wir Dämpfungstechniken anwenden, um ihnen zu helfen, sich zu beruhigen.

> Denise rannte so schnell sie konnte heim und umklammerte ihr Zeugnis. „Mama, Mama, rate mal, kannst du es erraten? Huhu, kannst du es?“ Sie redete so schnell weiter, dass ihre Mutter Stella kaum verstehen konnte, was sie sagte. Anstatt die Siebenjährige zu unterbrechen und sie zu bitten, sich zu beruhigen, wartete Stella erst, bis ihre Tochter den verbalen und emotionalen Dampf abgelassen hat, bevor sie reagierte. Sie schaute Denise mit verständnisvollem Gesichtsausdruck an, nickte, um Interesse und Empathie zu zeigen, und ließ ihre Tochter einfach weiterquasseln. Schließlich kam Denise außer Atem, und an diesem Punkt antwortete Stella auf die Fragen ihrer Tochter.

In diesem Beispiel bedeutete „dämpfen“, nichts zu sagen, sondern nur nonverbale Äußerungen von sich zu geben, um Denise wissen zu lassen, dass sie gehört und verstanden wurde. Dämpfen wird jedoch meist angewandt, wenn in der Botschaft des Sprechers einige negative Untertöne wie Angst, Besorgnis, Ärger oder Wut zu spüren sind. Nachfolgend einige Vorschläge für den Versuch, die Gefühle eines Sprechers zu beruhigen oder zu dämpfen:

- Vermeiden Sie andere zu unterbrechen, bevor sie nicht den ganzen Gedanken oder eine Gedankenkette zu Ende gebracht haben.
- Setzen Sie Mimik und Gestik ein, um Verständnis und Empathie zu zeigen.
- Setzen Sie ermunterndes Nicken und Bemerkungen ein, um dem Betreffenden zu helfen, alles auszusprechen.

- Übernehmen und spiegeln Sie nicht die negative Stimmlage und den unfreundlichen Gesichtsausdruck des Redners wider.

Steuern. Steuern ist ein Rückmelde-Werkzeug, das hilft, andere zum Thema zurückzubringen, wenn sie abgeschweift oder vom Kernpunkt abgekommen sind. Bei Zusammenkünften und in Kleingruppen ist es für ein oder mehrere Mitglieder eher die Regel als die Ausnahme, abzuschweifen und auch andere zum Abschweifen zu bringen.

> Margene, Webmaster eines Herstellers alkoholfreier Getränke, leitete eine Gruppensitzung dreier gleichrangiger Mitarbeiter in ihrer Abteilung, darunter zwei Abteilungsleiter aus dem Verkauf und ein Personaldirektor. Sam, der Spitzenverkäufer der Gesellschaft, war für seine Kriegsgeschichten in den Schützengräben der Verkaufs gut bekannt. „Da draußen ist ein Dschungel", war sein Lieblingsausdruck. Die Arbeitsgruppe hatte einen verbindlichen Termin, und es war Margene bewusst, dass Sam die Gruppe dazu bringen konnte, das Ziel zu verfehlen. Als Sam, wie vorauszusehen, auf eine seiner Abschweifungen kam, wandte Margene die Technik an, anderen in der Gruppe Fragen zu stellen, um sie wieder in die Spur zu bringen. Sie nahm auch häufige Zusammenfassungen vor und nannte immer wieder das ursprüngliche Thema.

Steuern erfordert Geschick und ein Gefühl für Gleichgewicht. Einerseits wollen wir anderen nicht den Eindruck vermitteln, dass wir versuchen, die Interaktionen, besonders in Gruppen, übermäßig zu kontrollieren. Wir möchten unsere Beziehungen mit den Schwaflern und Abschweifern nicht verschlechtern. Andererseits können wir es aber nicht zulassen, dass ein oder zwei Leute die Besprechungen wegen ihrer Selbst-Zentriertheit oder ihres Bedürfnisses nach Aufmerksamkeit verderben. Nutzen Sie die folgenden Tipps, um andere in Unterhaltungen oder bei Treffen zu steuern:

- Stellen Sie anderen Fragen, um die Gruppe wieder auf Kurs zu bringen.

- Machen Sie deutlich, dass das Thema die Richtung gewechselt hat.
- Fassen Sie zusammen, was bis jetzt gesagt worden ist.
- Rufen Sie das ursprüngliche Thema wieder in Erinnerung.

Abblocken. Anhänger des American Footballs verstehen die Bedeutung des Abblockens, um den Quarterback und den Spieler mit dem Ball zu schützen. Ohne Abblocker würde sich die Verteidigung darauf stürzen und den Ballführer leicht angreifen.

Wenn Leute in Unterhaltungen oder bei Besprechungen weiterreden wollen und wir unter Zeitdruck stehen oder keine Energie mehr haben, müssen wir uns als Zuhörer einer Art des Abblockens bedienen.

> Marco, Rechtsassistent einer Anwaltskanzlei, stand unter Zeitdruck und hatte keine Energie mehr. Er war einfach müde und fühlte sich gedrängt, seinen Zug zu erreichen. Als er jedoch am Freitagnachmittag sein Büro im Zentrum von Atlanta verlassen wollte, kam seine Verwaltungsassistentin Claudia an seinem Schreibtisch vorbei und fing an, über ihre Wochenendpläne zu reden. Er fühlte sich zerrissen zwischen dem Versuch, Claudia gegenüber Aufmerksamkeit vorzutäuschen, und dem, zur Tür hinauszukommen, um den Schnellzug zu erwischen. Letztendlich vermittelte er Claudia den Eindruck, dass er sie nicht mochte oder schätzte und verpasste dennoch den Zug.

Marco hätte eine oder mehrere blockierende Strategien anwenden müssen, um Claudia zu unterbrechen, ohne sie zu verletzen. Hier sind einige brauchbare blockierende Techniken:

- Stehen Sie auf und schieben Sie Ihren Stuhl zurück.
- Schauen Sie auf Ihre Armbanduhr.
- Fragen Sie Ihr Gegenüber, ob Sie später weitersprechen können.
- Sagen Sie Ihrem Gegenüber, dass Sie spät dran sind.

Von Anfang an haben wir die wichtige Rolle betont, die Sprecher und Zuhörer während des Zuhörens spielen. Zuhören ist ein Vorgang, der eine Feed-back-Schleife erfordert: ohne Rückmeldung ist der Kreis unvollständig. Zu lernen, wie man wirkungsvolles Feed-back gibt oder bekommt, stattet uns mit einem Werkzeug aus, um in unseren Beziehungen mit Freunden, nahe Stehenden und Mitarbeitern zu gewinnen.

Eine letzte Bemerkung. Wir hoffen, Sie stimmen zu, dass Sie die Macht haben, als Zuhörer zu gewinnen. Es ist eine Fähigkeit, die Energie, den Wunsch, besser zu werden, und Training zur Beherrschung der Techniken erfordert. Wenn Sie Ihre Zuhör-Präferenzen verstehen und die Gedanken auf ihre Alltagsbeziehungen anwenden, verfügen Sie über ein Potenzial, um befriedigendere, angenehmere und heiterere Beziehungen zu schaffen.

Anmerkungen

1. C. Hymowitz (1999): Damark's Unique Post: A Manager Who Helps Work on Realtionships. *Wall Street Journal.*
2. C. L. Dannhauser (1999): Shut Up and Listen. *Working Woman,* 41.
3. A. Hiam (1999): *Motivating and Rewarding Employees.* Holbrook, MA: Adams Media Corporation.
4. J. Gottman (1999): *Why Marriages Succeed or Fail ... And How You Can Make Yours Last.* New York: Simon & Schuster; C. Lavington (1997): *You've Only Got Three Seconds.* New York: Doubleday; P. Harkins (1999): *Powerful Conversations.* New York: McGraw-Hill.

Kontaktadressen

Larry Barker: lbarker933@cs.com
Kittie Watson: kittiewatson@cs.com

Für weitere Informationen über Zuhör-Produkte, Instrumente und Materialien wenden Sie sich an:
SPECTRA Incorporated Publishers, www.SPECTRAweb.com.

Für weitere Informationen über Zuhör-Workshops, Training und Beratungsdienste wenden Sie sich an:
Innolect Inc., www.innolectinc.com.

Wenn Sie sich mit der International Listening Association (Internationale Zuhör-Vereinigung) ILA in Verbindung setzen wollen, wenden Sie sich an: JListening@aol.com.

Weiterführende Literatur

Adler, M. (1997): *How to Speak, How to Listen.* New York: Collier Books

Birkenbihl, V. F. (2000): *Kommunikationstraining. Zwischenmenschliche Beziehungen erfolgreich gestalten.* 22. Aufl., Landsberg: mvg-verlag

Birkenbihl, V. F. (2000): *Das „neue" Stroh im Kopf. Vom Gehirn-Besitzer zum Gehirn-Benutzer.* 37. Aufl., Landsberg: mvg-verlag

Blanchard, K. (1999): *The Heart of a Leader.* New York: Waterbrook Press

Bone, D. (1995): *The Business of Listening.* Los Altos, CA: Crisp Publications

Borisoff, D. and M. Purdy (Hg.): *Listening in Everyday Life: A Personal and Professional Approach.* 2.Aufl., Lanham MD: University Press of America

Brownell, J. (1996): *Listening: Attitudes, Principles and Skills.* Bosoton: Allyn and Bacon

Burley-Allen, M. (1995): *Listening. The Forgotten Skill.* New York: John Wiley & Sons, Inc.

Carlson, R.(1998): *Alles kein Problem! Das Buch für alle, die sich nicht so leicht verrückt machen wollen.* München: Knaur

Carlson, R.(2000): *Alles kein Problem in der Familie!* München: Knaur

Covey, S. (1989): *The 7 Habits of Highly Effective People.* New York: Simon & Schuster

deLisser, P. (1999): *Be Your Own Executive Coach.* Worcester, M.A.: Chandler House Press

Fromm, E. (1998): *The Art of Listening.* New York: Continuum Publisching Group

Gottman, J. (1999): *Why Marriages Succeed or Fail ... And How You Can Make Yours Last.* New York: Simon & Schuster

Gray, J. (1998): *Männer sind anders, Frauen auch. Männer sind vom Mars, Frauen von der Venus.* München: Goldmann (Original: *Men Are from Mars, Women Are from Venus.* New York: Harper Collins 1992)

Gray, J. (1994): *What Your Mother Couldn't Tell You and Your Father Didn't Know.* New York: Harper Collins

Greene, R. and J. Elffers (1998): *48 Laws of Power.* New York: Viking

Griffin, J. (2000): *Richtig kommunizieren im Beruf. Mit Vorgesetzten, Kollegen, Mitarbeitern und Kunden.* Landsberg: verlag moderne industrie

Hahn, R.-M. und N. Stickel (2001): *Die Kraft des Wortes. Entdecken Sie die Möglichkeiten der Kommunikation und sprengen Sie Grenzen.* Landsberg: mvg-verlag

Halley, R. D. (1997): *And Then I Was Surprised by What You Said.* Columbia, Missouri: KAIA Publishing

Lucas, M. (1998): *Die Kunst des Zuhörens. Der Schlüssel für erfolgreiche Kommunikation.* 2. Aufl., Offenbach: Gabal

Mendell, A. (1996): *How Men Think.* New York: Fawcett Columbine

Michaelson, S. A. (1999): *Is Anyone Listening? Repairing Broken Lives in Couples Communication.* New York: Prospect Books

Mindell, P. (1995): *A Woman's Guide to the Language of Success.* Paramus, N.J.: Prentice Hall

Nichols, M. P. (1999): Die *wiederentdeckte Kunst des Zuhörens.* Stuttgart: Klett-Cotta: (Originaltitel: *The Lost Art of Listening. How Learning to Listen Can Improve Relationships.* New York: Guilford Press 1996)

Oppermann, K. und E. Weber (1998): *Frauensprache – Männersprache. Die verschiedenen Kommunikationsstile von Männern und Frauen.* Landsberg: mvg-verlag

Pawlowski, K. und Riebensahm, H. (2000): *Konstruktiv Gespräche führen.* Reinbek: rororo

Pease, A. und B. Pease (2000): *Warum Männer nicht zuhören und Frauen schlecht einparken. Ganz natürliche Erklärungen für eigentlich unerklärliche Schwächen.* München: Econ Ullstein List

Peter, T. (1999): *Reinventing Work: The Professional Service Firm.* New York: Alfred A. Knopf, inc.

Roebuck, C. (2001): *Professionell kommunizieren.* Landsberg: mvg-verlag

Ryan, K. D. und D. K.Oestreich (1997, 2.Aufl.): *Driving Fear Out of the Workplace.* San Francisco: Jossey-Bass Publishers

Senge, P. M., C.Roberts, R. B. Ross, B. J. Smith and A. Kleiner (1994): *The Fifth Discipline Fieldbook: Strategies and Tools for Building a Learning Organization.* New York: Doubleday

Spence, G. (1995): *How to Argue and Win Every Time.* New York: St. Martin's Press

Steil, L. K., L. L. Barker and K. W. Watson (1983): *Effective Listening: Key to Your Success.* New York: Random House

Tannen, D. (1991): *Du kannst mich einfach nicht verstehen. Warum Männer und Frauen aneinander vorbeireden. Hamburg: Kabel (Originaltitel: You Just Don't Understand: Women and Men in Conversation.* New York: William Morrow and Company 1990)

Tannen, D. (1994): *Talking form 9 to 5.* New York: William Morrow and Company

Tannen, D. (1999): *Laß uns richtig streiten. Vom kreativen Umgang mit nützlichen Widersprüchen.* München: Goldmann

Tierney, E. (2000): *30 Minuten für erfolgreiche Kommunikation.* 2. Aufl., Offenbach: Gabal

Watson, K. W. and L. L. Barker (1997): *Winning by Listening Around*. New Orleans, LA: SPECTRA, Inc.

Wolvin, A. and C. G.Coakley (1996): *Listening* (5.Aufl.). Madison: Brown & Benchmark

Stichwortverzeichnis